Mourir dans la dignité

JONATHAN DENIS

MOURIR DANS LA DIGNITÉ

PLAIDOYER POUR LA DERNIÈRE DES LIBERTÉS

le cherche midi

Éditeurs : Angélique Dufour et Vincent Pichon-Varin

Vous pouvez consulter notre catalogue général
et l'annonce de nos prochaines parutions sur notre site :
www.cherche-midi.com

92, avenue de France
75013 Paris

Composition : Facompo
Dépôt légal : mars 2024
ISBN 978-2-7491-8018-2

En mémoire de nos amis et nos amours
qui n'ont pu être respectés dans leurs choix.

PRÉFACE DE NOËLLE CHÂTELET

Encore un effort !...

En écrivant ce livre revendiquant pour la énième fois une loi qui permette aux citoyens de choisir leur mort, Jonathan Denis a raison de se placer sous l'égide de notre devise républicaine : « Liberté, Égalité, Fraternité ».

Si on a la curiosité de lire les quelque quarante devises nationales qui existent dans le monde, il est éclairant de constater que la plupart d'entre elles, devant servir d'emblème (en dehors des États islamiques où Dieu, seul, est invoqué), s'articulent autour de principes patriotiques du travail, du progrès, de l'ordre, de la fierté, de l'unité. La liberté y figure, parfois, mais les valeurs de justice, de paix, de dignité très rarement.

Cela signifie que la devise de la France est, de toutes, la plus exigeante en termes d'humanisme.

Disons-le : elle est admirable. D'une ambition hors du commun et, par là même, inatteignable, peut-être...

Le danger d'une devise aussi grandiose n'est-il pas qu'elle soit, par essence, condamnée à l'idéalisme, pour ne pas dire à l'utopie ?

Elle exige du moins du citoyen, comme du législateur, une rigueur de pensée, d'humanité et d'empathie, ainsi qu'un effort considérable d'humilité et d'élévation.

Pour autant, l'imperfection d'une loi n'empêche pas qu'elle doive s'approcher le plus possible d'un idéal, même si parfois c'est d'une « main tremblante », comme le dit si justement Montesquieu. En ce qui concerne la législation sur la fin de vie, la main des représentants de la nation et celle de nos présidents successifs ont décidément trop tremblé.

Ils semblent avoir oublié, ou dénié, la demande majoritaire des Français à mourir selon leurs vœux, leur donnant le sentiment de n'être ni entendus, ni respectés.

Le mal-mourir en France obsède, depuis trop longtemps, nos concitoyens. Jonathan Denis dit les entendre, « ces millions de personnes qui réclament à haute et intelligible voix, et sur tous les tons... d'avoir le choix de la manière dont ils vont mourir... Elles bourdonnent à ses oreilles », se désole-t-il. Comme elles bourdonnent aux miennes ! Car nous avons en commun, Jonathan Denis et moi – lui avec son père, moi avec ma mère – d'avoir regardé la mort dans les yeux, d'en avoir mesuré la souffrance, d'en souhaiter de moins tragiquement clandestines. Lui et moi avons en commun, par notre engagement respectif, la triste récompense d'entendre les appels au secours des Français, le triste privilège de recevoir leurs témoignages, par centaines, par milliers, encore et encore...

Riches de cette connaissance car « les certitudes théoriques ne tiennent pas devant les expériences personnelles », ajoute Jonathan Denis, nous sommes sensibles aux expériences, tout aussi personnelles, que vit le monde médical, et principalement les médecins prêts à franchir le pas, car la loi ne se fera pas sans eux. Ils sont nos partenaires irremplaçables, en conscience, car beaucoup sont en souffrance, parmi ceux de plus en plus nombreux qui l'attendent aussi, cette loi.

De toutes les batailles, menées et gagnées, que Jonathan décline, nous en sommes à la dernière, cette fois. Elle est à portée de main. Tout près. Si près… Oui, une loi bien encadrée qui ne laisse personne sur le bord du chemin – malades, mourants, familles et proches compris – est raisonnablement possible aujourd'hui.

On le sait, le fossé s'est creusé, démesurément, gravement, entre le gouvernement et les citoyens, sur la question de la fin de vie (comme sur d'autres sujets, d'ailleurs), puisque notre devise nous est, d'une certaine manière, confisquée. Non, on ne meurt pas librement en France, beaucoup le font dans l'inégalité, sans suffisamment de fraternité, même si on s'y efforce au travers des soins palliatifs. Il fallait donc que les citoyens reprennent la main, de façon moins tremblante.

À la demande même de la présidence, ce fut fait, récemment, au travers de la Convention citoyenne sur la fin de vie. Des semaines de réflexion exemplaires. Cette assemblée a prononcé son verdict dans un rapport clair, de 65 propositions, dont la première est de respecter le choix et la volonté du patient et son libre arbitre. Pouvoir exprimer son choix, même si celui-ci va à l'encontre de l'avis du médecin.

Le Président a donc, aujourd'hui, toutes les cartes en main, ratifiées par une représentation citoyenne indiscutable, fondée sur la raison. Pourquoi sa main tremble-t-elle encore ? Pourquoi repousse-t-il, à n'en plus finir, la proposition d'une loi au Parlement ? Une indécision qui fait souffrir inutilement ceux qui, aujourd'hui, à l'approche de leur fin, espèrent encore être entendus. Une indécision qui a fait se lamenter, déjà, des générations de malades, sans compter ceux qui se sont exilés et s'exilent encore, hélas, pour mourir…

Mais inquiétude suprême : pourquoi nous promet-on une loi « à la française » ? Que signifie cette formulation ? Dans quel laboratoire de sa pensée notre Président se réfugie-t-il pour se donner encore du temps ? Je ne peux m'empêcher de l'imaginer, penché sur ses alambics et ses tubes à essais, à saupoudrer par-ci, distiller par-là, afin de nous concocter, « à la française », un élixir susceptible de satisfaire tout le monde, mais qui ne contentera personne !

Ces décoctions secrètes sont loin de l'exigence de l'esprit des Lumières, berceau de la République. Écouter l'attente d'un peuple, l'associer, pour le servir, sans chercher à s'en démarquer, espérant ainsi résoudre ses propres hésitations et s'arranger avec sa propre conscience, voilà ce que nous demandons instamment.

Qui plus est, comment ne pas reconnaître que notre devise républicaine, concernant ce sujet de la fin de vie, est déjà, et depuis longtemps, devancée par nombre de pays européens, et ailleurs dans le monde. Ils ont fait mieux que nous avec leur propre devise…

Pourquoi ne pas prendre en exemple ceux qui ont réussi, là où on balbutie ? Par fierté nationale de vouloir faire autrement, à tout prix ? Elle serait fort mal placée.

Les Lumières demandent surtout du courage. Celui de mécontenter certains pour aider les plus nombreux.

En bataille pour des lois éclairées, Simone Veil et Robert Badinter ont accepté, en leur temps, de se faire des ennemis. Pourtant, les présidents respectifs ont été à l'honneur, plus tard, pour les avoir encouragés en leur temps. Ces présidents-là resteront dans l'histoire et dans le cœur des Français, à jamais.

Est-ce du courage que de tergiverser, au nom d'une conscience qui n'est pas universelle ?

Plus grave : aurait-on oublié que les principes fondateurs de la République sont indissociables de la laïcité ? C'est à se poser la question.

Je pense ici à la place accordée aux religions, et en particulier au pape, qui affirme : « On ne joue pas avec la vie, ni au début ni à la fin. » D'ailleurs, le mot « jouer » n'est-il pas quelque peu choquant ? Car la fin de vie n'est, hélas, pas un « jeu », c'est un droit. Le droit intime de clore son existence librement. Le droit sans nul doute le plus précieux puisque le tout dernier. L'ultime.

Atermoyer ou permettre une loi au goût d'inachevé alors qu'elle est espérée par tant de citoyens pourrait bien donner à ceux-ci le sentiment de ne plus pouvoir – pire –, de ne plus vouloir se sentir français dans leur âme.

Alors, encore un effort… pour être républicain !

Noëlle Châtelet
24 janvier 2024

Universitaire, essayiste et romancière, Noëlle Châtelet est l'auteure de nombreux ouvrages, dont *La Dernière Leçon*, un récit de la mort choisie de sa mère, qui a initié son combat pour le libre choix. Elle est la présidente du comité d'honneur de l'Association pour le Droit de Mourir dans la Dignité. Dernier livre paru : *Laisse courir ta main* (Seuil).

SOMMAIRE

INTRODUCTION

Nous sommes des millions.

Ce soir, il n'y a pas un bruit autour de moi. Je suis seul devant mon écran. Pourtant, je n'ai aucune sensation de solitude. Le silence ne m'assourdit pas. En réalité, je sais que nous sommes des millions. Des millions de Français qui réclamons, depuis des décennies, à haute et intelligible voix et sur tous les tons, partout, dans la rue, les prétoires, les hôpitaux, les associations, les mutuelles, les syndicats... d'avoir le droit de choisir la manière dont nous allons mourir si nos souffrances sont insupportables, qu'elles soient physiques ou psychiques, qu'elles soient consécutives à un accident ou à une maladie, même en l'absence d'un pronostic vital engagé à court terme. En tant que président de l'Association pour le Droit de Mourir dans la Dignité (ADMD), je les entends quotidiennement, ces voix. Ce soir, elles m'entourent, bourdonnent dans mes oreilles. Je me souviens des témoignages, des discours, des conférences, des plaidoiries, des argumentaires, des suppliques. Des larmes et des colères.

Ensemble, ces millions de militants pour la liberté ont gagné bien des batailles.

Nous avons commencé par gagner la bataille de l'opinion. Et largement ! Aujourd'hui, selon un sondage Ifop de février 2022, près de 9 Français sur 10 veulent une loi légalisant l'aide active à mourir. L'euthanasie ne fait plus débat : 94 % y sont favorables (ils étaient 88 % en 2001). On peut prendre tous les échantillons de population, les hommes ou les femmes, les jeunes ou les vieux, les ouvriers ou les cadres supérieurs, ceux qui votent à gauche ou ceux qui votent à droite : toutes les catégories de population sont d'accord à plus de 90 %. Pour le suicide assisté, le plébiscite est à peine moins éclatant : 89 % des Français sont pour qu'une personne souffrant de maladie insupportable et incurable puisse prendre un produit létal en présence d'un médecin pour mettre fin à ses souffrances. Cela ne veut pas dire que 9 Français sur 10 auront recours à l'aide médicale à mourir. Cela veut simplement dire qu'ils veulent avoir le choix de le faire ou de ne pas le faire. En pleine conscience et en toute liberté.

Nous avons gagné la bataille des arguments. Nous avons prouvé qu'il existait une voie éthique possible pour mettre fin à la vie quand elle n'est plus que survie. Les médecins ont été les plus difficiles à convaincre. Ils étaient frileux au départ, inquiets de contrevenir aux grands principes de leur métier, à la promesse faite en prononçant le serment du conseil de l'Ordre des médecins : « Je ne provoquerai jamais la mort délibérément. » Et pourtant, dans le silence des hôpitaux, l'euthanasie est pratiquée en France, par compassion, par empathie, par pitié, mais de manière illégale, sans que les proches du malade le sachent, sans que de vrais adieux puissent avoir lieu. Certains patients, à bout de forces et de ressources, achètent sur Internet des médicaments létaux illicites venus d'on ne sait où, fabriqués par on ne sait qui, avec des conséquences souvent dramatiques. Ces pilules au contenu inconnu peuvent provoquer des souffrances épouvantables, des agonies insupportables. C'est arrivé à mon père et je me suis promis que plus personne ne vivrait cette tragédie.

Aujourd'hui, plus des deux tiers des soignants (71 % selon un sondage Medscape, réalisé en 2020), toutes professions confondues, sont convaincus à leur tour. Ils reconnaissent être liés à leurs patients par la promesse de non-abandon, et sont prêts à les accompagner pour l'« ultime soin », comme on dit en Belgique. Pour la première fois, l'Académie de médecine s'est déclarée en faveur de l'aide médicale à mourir, le 17 juillet 2023. Cette bataille-là est gagnée. Elle est décisive : sans l'appui des soignants, il n'était pas possible d'espérer accéder à cette liberté. Des soignants qui, naturellement, auront le droit de refuser d'accompagner un malade dans la mort, au nom de la liberté de conscience.

Nous avons gagné la bataille parlementaire, elle aussi indispensable, puisqu'il faudra évidemment passer par une loi, promise par François Hollande, en 2012, puis par

Emmanuel Macron en 2022. Cela n'aurait pu, n'aurait dû être qu'une simple formalité. Malgré les pressions, la peur de réactions violentes des opposants, 80 % des députés se sont alors déclarés favorables à la légalisation de l'aide active à mourir ! Ils l'ont prouvé, d'ailleurs. En avril 2021, l'Assemblée nationale a voté un article de loi légalisant l'aide active à mourir… avant qu'une poignée de conservateurs – une demi-douzaine seulement – bloquent le processus et refusent à l'immense majorité la liberté de choisir – ou de ne pas choisir, répétons-le – d'éteindre la lumière.

Mais nous n'avons pas encore gagné le droit de mourir dans la dignité ni de choisir la manière dont nous quittons la vie. Alors, nous poursuivons le combat.

Nous sommes des millions en France, et nous sommes soutenus, encouragés, par des millions ailleurs. De nombreux pays ont sauté le pas et sont capables de fournir des retours d'expérience qui peuvent et doivent inspirer le législateur français. Ils ont apporté la preuve qu'une loi donnant le libre choix de mourir n'est pas la porte ouverte à toutes les dérives et monstruosités. La Suisse, la Belgique, les Pays-Bas, le Luxembourg et plus récemment l'Espagne, l'Autriche et le Portugal ont dépénalisé l'euthanasie ou le suicide assisté. Dans le reste du monde, 11 États des États-Unis, le Canada, l'Australie et la Nouvelle-Zélande ont pris le même chemin, avec une certaine préférence pour le suicide assisté, en raison de l'organisation de leur système médical. Or, que constate-t-on ? Qu'une infime minorité de malades a recours à l'aide médicale à mourir, mais qu'une écrasante majorité de la population est satisfaite, rassurée. Ce n'est pas – j'insiste sur ce point – parce qu'un droit existe que l'on est obligé de s'en servir.

En réalité, c'est dans les pays où ce droit à l'aide active à mourir n'existe pas que l'on constate des dérives. Les plus graves sont celles dont j'ai parlé plus haut : un marché noir des pilules létales, les « *kill pill* », et bien entendu des euthanasies pratiquées illégalement par des médecins, qui risquent d'être condamnés. C'est aussi dans ces pays que l'on constate des inégalités scandaleuses. En France, la plus criante concerne l'accès aux soins palliatifs. Aujourd'hui, 21 départements n'ont pas un seul service de ce type à proposer à leurs habitants. En moyenne, sur l'ensemble du territoire, dans des unités de soins palliatifs, on compte 3 lits pour 100 000 habitants. 3 pour 100 000 ! Alors que 10 % de la population a plus de 75 ans et qu'elle continue de vieillir, avec toutes les fragilités, les pathologies, les accidents qui menacent le grand âge. Nous avons besoin de soins palliatifs, il faut que les soignants diffusent largement une « culture palliative », pour laquelle nous nous battons, car ces soins et l'attention extrême portée à la douleur sont indispensables pour aborder la question de sa propre mort avec moins d'angoisses, moins d'appréhensions. Quand il est possible de moins souffrir, de trouver des moyens d'apaisement, alors, la mort est moins redoutée. Défendre la manière dont on va mourir, c'est avant tout se battre pour la qualité de la vie, le plus longtemps possible !

Il existe dans notre pays d'autres inégalités, sociales, géographiques, financières. De partout en France, des patients rejoignent la Suisse pour y mourir accompagnés, parce qu'ils y trouvent les réseaux nécessaires et en ont les moyens, car cela coûte très cher. Ceux qui vivent près de la frontière belge, au titre des accords sur les zones d'accès aux soins transfrontaliers, peuvent se faire soigner en Belgique en étant remboursés par la Sécurité sociale française. Il y a donc bien des Français qui ont légalement accès à l'euthanasie grâce à leur seule situation géographique…

Si nous avons gagné tant de batailles, pourquoi le pouvoir politique français persiste-t-il à refuser à son peuple une loi plébiscitée ? D'où viennent les points de blocage ? En particulier des responsables religieux, catholiques en tête. Ceux-ci n'ont pourtant pas empêché les Italiens et les Espagnols d'adopter la loi que nous attendons. En France, le débat sur le choix de sa propre mort est devenu un enjeu laïc. Les Français sont libres de croire ou de ne pas croire. Ils peuvent choisir de ne pas avoir recours à l'euthanasie ou au suicide assisté par croyance religieuse. Mais le dogme religieux ne peut pas s'imposer au législateur ! La République prime sur la religion, et il est temps de rappeler fermement ce principe fondateur de notre pays.

Écoutons la parole des patients. De ceux qui souffrent, comme de ceux qui se savent malades et dont la maladie est annonciatrice de souffrances. Il est important d'entendre ceux qui étaient contre une loi encadrant juridiquement l'aide active à mourir et qui ont changé d'avis quand ils ont été confrontés à la maladie ou à un accident. Il est capital d'écouter les derniers mots de ceux qui meurent et de ceux qui les accompagnent – soignants ou proches. Il est urgent d'aider les familles, les conjoints qui relaient la plainte de ceux qui souffrent atrocement mais ne sont pas concernés par les lois existantes, car leur pronostic vital n'est pas engagé.

Nous avons passé des milliers d'heures dans des discussions, des conférences, des présentations. Le législateur a demandé et reçu des avis, comme celui de la Convention citoyenne de 2023, et ceux-ci se sont révélés majoritairement favorables à la légalisation de l'aide active à mourir. Le Parlement a organisé des centaines de débats durant les dernières décennies. Des annonces et des promesses ont été faites. « Ce sera demain », « ce sera après l'été », « ce sera l'an prochain », « c'est bientôt », « c'est imminent »…

Une chose est sûre : nous n'avons jamais été aussi près du but. Cette dernière bataille, nous allons la gagner.

Nous sommes des millions.

PROLOGUE

L'Association pour le Droit de Mourir dans la Dignité, que j'ai l'honneur de présider, est une association nationale laïque à vocation humanitaire, créée en 1980, qui a pour objet :

– de promouvoir le droit de disposer de façon libre et réfléchie de sa propre personne, ce droit étant un attribut de la liberté appartenant à chaque être humain ;

– de faire reconnaître et de rendre possible l'exercice licite du droit fondamental de choisir librement le moment et la manière de terminer sa vie selon ses conceptions philosophiques et morales ;

– de faire respecter la dignité des personnes en prenant en considération les intentions qu'elles ont exprimées, afin qu'elles supportent leur fin de vie dans les conditions souhaitées par elles, notamment par une lutte appropriée contre la douleur et par le droit au refus de thérapeutique lorsqu'elles la jugent vaine, et puissent obtenir une aide active à une délivrance douce si elles en ont exprimé le souhait sans équivoque.

L'ADMD, respectueuse de la liberté et de la dignité des personnes, s'interdit toute incitation au suicide. Elle s'oppose au recours à l'euthanasie fondée sur des motifs politiques, économiques ou sociaux, ainsi qu'à toute euthanasie pratiquée sans demande de la personne concernée.

Elle porte une proposition de loi rédigée par ses membres et votée en assemblée générale, qui prescrit que toute personne capable, selon la définition donnée par le Code civil, en phase avancée ou terminale, même en l'absence de diagnostic de décès à brève échéance, atteinte d'au moins une affection accidentelle ou pathologique avérée, grave, incurable et/ou à tendance invalidante et incurable, infligeant une souffrance physique ou psychique inapaisable qu'elle juge insupportable ou la plaçant dans un état de dépendance qu'elle estime incompatible avec sa dignité, peut demander à bénéficier d'une aide active à mourir. Cette faculté s'applique également dans le cas de polypathologies.

Par « aide active à mourir », l'ADMD soutient d'une part le suicide assisté, qui est la prescription à une personne par un médecin, à la demande expresse de cette personne, d'un produit létal et l'assistance à l'administration de ce produit par un médecin ou une association agréée, et d'autre part l'euthanasie, qui est le fait par un médecin de mettre fin intentionnellement à la vie d'une personne, à la demande expresse de celle-ci.

Chapitre 1
La liberté

1/ Liberté et dignité, deux mots qui ont un sens

Selon les opposants à l'euthanasie, le souhait de mourir ne peut pas exprimer une liberté. Pourquoi ? Parce qu'on meurt mal, en France. C'est un fait : en France, on meurt seul, dans un lit d'hôpital (dans 70 % des cas), on meurt dans un Ehpad, sans sa famille. On meurt triste, malade. Dans la solitude et l'angoisse. Sur ce constat, nous sommes tous d'accord. C'est sur la suite du raisonnement que nous divergeons radicalement. Car pour ceux qui s'opposent à toute aide active à mourir, tant que le système médical n'est pas capable de faire en sorte que chacun meure dans des conditions acceptables, alors la demande d'aide à mourir n'est qu'un pis-aller. On choisit la mort faute de mieux, parce que le choix qui s'offre à nous n'en est pas vraiment un : c'est la mort ou des conditions de vie sordides. Charybde, Scylla. La lèpre, le choléra. La mort, la non-vie. Si nous étions vraiment libres, nous aurions le choix entre des conditions confortables de fin de vie et l'euthanasie. Dans ces conditions, naturellement, nous n'aurions plus envie de mourir. CQFD.

Mais cet argumentaire ne tient pas. La liberté n'est pas réductible à des justifications matérielles. On ne choisit pas la liberté par confort ou inconfort. Ainsi, début 2023, le philosophe Raphaël Enthoven, compagnon de route de l'ADMD, écrivait dans *Le Figaro* : « Un individu qui décide d'en finir avec la vie a beau être contraint de le souhaiter, le choix qu'il fait relève de sa liberté. Mieux : c'est toute la liberté qui lui reste ! Si ce geste-là n'est pas libre, aucun geste ne l'est. » Par ailleurs, la position du médecin qui décide de continuer à soigner, malgré le désir du malade d'en finir, est très discutable : « Comment peut-on décider à la place d'autrui, comment peut-on se substituer à la volonté d'autrui, alors que l'on n'est pas soi-même concerné ? demande le Dr Claude-Alain Planchon, cancérologue et membre de la commission Soignants de l'ADMD. Cela n'a aucune cohérence ! Certains patients veulent lutter jusqu'au bout et ne rien lâcher. D'autres finissent par être tellement épuisés qu'ils voudraient mourir. Le droit au choix de sa fin de vie devrait être universel. »

Le choix de mourir, la dernière liberté

Pierre Juston, administrateur de l'ADMD, cosignait cette tribune parue dans *Le Figaro* avec Raphaël Enthoven. Pierre est juriste, Raphaël philosophe : la philosophie guide le droit, le droit soutient la philosophie. Il résulte des travaux conjoints des philosophes et des juristes un contrat social, qui fonde notre société. Et en France, la liberté est le socle sur lequel nous nous accordons tous, sur lequel nous nous reposons tous. C'est la première pierre de notre République, le premier principe de notre devise, Liberté, Égalité, Fraternité, et du premier article de la Constitution, avant même l'égalité : « Les hommes naissent libres et égaux en droits. »

Mais de quelle liberté parlons-nous quand il est question de mourir dans la dignité ? De liberté de choix de vivre ou de mourir ? Raphaël et Pierre ont longuement travaillé et pesé leurs mots avec soin pour la définir. Ce n'est pas chose facile, mais il est indispensable de s'y pencher sérieusement – sinon, nous pourrions discuter pendant des heures, nous ne nous entendrions pas. Voici ce qu'ils ont écrit, avec pertinence et subtilité : « La "liberté "ne dépend pas des souhaits qu'elle met en œuvre. Nul n'est (aux yeux de la loi) plus ou moins libre selon qu'il choisit de fumer, d'avorter ou de mettre un terme à ses jours. La liberté dont on dispose ne dépend pas du bon ou du mauvais usage qu'on en fait. La "liberté" que la loi garantit ne porte pas sur la nature de nos désirs, mais sur les droits dont nous disposons. Outre les questions délicates de l'abus de droit et de la conciliation des droits par le juge en cas de conflit, l'usage que nous faisons de notre liberté n'est pas l'affaire du cadre libéral de nos droits. Que nous soyons déterminés à vouloir mourir (par les circonstances, les conditions d'accueil ou l'état d'avancement d'une maladie) ne retire aucune liberté à la décision du moribond. Même quand on n'a plus le choix, on peut encore choisir cela. »

Au moment où *Le Figaro* publiait cette tribune, début 2023, l'ADMD publiait un petit ouvrage, *20 contributions en faveur de l'aide active à mourir*, un recueil de réflexions d'hommes politiques, médecins, religieux, penseurs… Là encore, l'infatigable Raphaël Enthoven avait écrit pour nous et plaidé pour une vie choisie, vécue comme un idéal et non une obligation donnée par la naissance : « Il existe, Dieu merci, une autre école de pensée, bien plus ancienne, qui réduit la vie à l'enchaînement de nos actes, louables ou blâmables. Qu'est-ce à dire ? Que la vie n'a pas de valeur en soi, mais qu'il appartient à chacun d'en faire la meilleure œuvre. Ainsi, Platon (qu'on a tort, à cet égard, de présenter comme un précurseur du christianisme) n'accorde pas de valeur universelle à la vie, mais considère, à l'inverse, que si les conditions pour mener une bonne vie ne sont plus réunies, si s'estompent les circonstances permettant de devenir ce qu'on est, alors la vie elle-même n'a plus de raison d'être et le suicide paraît un choix rationnel et raisonnable. Autrement dit, la vie n'est pas un absolu, mais un idéal. Et l'individu lui-même fait son apparition sous la forme d'une volonté qui trouve sa liberté malgré les circonstances dans l'acte par lequel, délibérément, elle renonce au monde. La belle mort de Socrate (qui boit la ciguë de bonne grâce) ou celle de Sénèque (que Néron avait condamné, et qui a choisi de mourir dans sa baignoire) témoignent toutes deux que la mort volontaire n'est pas la suppression de la vie mais son achèvement, son sommet, et que mourir de sa propre main, c'est transformer la contrainte en destin. »

La liberté de choisir la manière de mourir consiste alors à transformer la contrainte en destin.

À chacun sa dignité

Un autre de nos éminents compagnons, membre du comité d'honneur de l'ADMD, le philosophe André Comte-Sponville, nous a parfois reproché de ne pas utiliser les bons termes. Selon lui, il serait plus pertinent de parler de « droit de mourir dans la liberté », et non de « droit de mourir dans la dignité ». Il l'a expliqué ainsi devant la Commission des affaires sociales du Sénat, en mars 2023 : « Premièrement, il ne s'agit pas d'opposer la dignité et la liberté et il me semble que l'Association pour le Droit de Mourir dans la Dignité (ADMD) se trompe sur le vocabulaire. Il s'agissait de dire que certains de nos compatriotes meurent dans des conditions indignes, mais il va de soi que tous les êtres humains étant égaux en droit et en dignité, le mourant, même s'il souffre atrocement, a exactement la même dignité que ceux qui sont en bonne santé. La question n'est donc pas de dignité, mais de liberté. »

Il l'a répété lors de multiples conférences, et l'a également écrit dans les *20 contributions pour mieux comprendre* que j'ai évoquées plus haut :

« Si je ne suis plus libre de mourir, je ne suis plus libre non plus de vivre. Comment une démocratie libérale, et de quel droit, peut-elle me priver de cette liberté-là, sans laquelle toutes les autres ne sont, lorsque je souffre atrocement, qu'abstractions ou contraintes supplémentaires ?

Ce n'est pas une question de dignité. Si tous les êtres humains sont égaux en droits et en dignité, comme nous le professons à juste titre, le grabataire ou l'agonisant ont exactement la même dignité que vous et moi, qui sommes (pour l'instant !) en bonne santé. Mais ils ont aussi les mêmes droits, donc notamment celui de mourir, s'ils le décident. Nul ne peut être contraint de les y aider ? Cela va de soi. C'est pourquoi il faudra évidemment que la loi prévoie (comme la loi Veil, pour l'IVG) une clause de conscience : tout soignant aura le droit de refuser de participer à une euthanasie, toute légale et volontaire qu'elle soit, s'il l'estime contraire à ses propres convictions religieuses ou morales. Cette clause de conscience, loin de condamner l'IVG, a rendu sa légalisation possible. Pourquoi en irait-il autrement s'agissant de l'IVV (l'interruption volontaire de vie) ?

Ce n'est pas une question de dignité, c'est une question de liberté, donc, en effet, de choix. »

Au moins sommes-nous d'accord sur la notion de choix. Je reconnais aussi que la dignité est une notion très individuelle, très intime, et j'accepte les questionnements d'André à ce sujet. Mais c'est ainsi que l'ADMD se définit, depuis sa création, en 1980 : « La dignité est une convenance envers soi dont chacun est seul juge. » Je reste fermement ancré dans cette définition, qui me convient toujours autant. Nous défendons la liberté de chacun de rester digne, de la manière dont il l'entend.

À chacun sa conception de sa propre dignité. Elle peut être invoquée par quelqu'un qui souhaite mettre fin à ses jours tout aussi bien que par quelqu'un qui ne le souhaite pas. C'est un mot qui, pour celui qui l'emploie, revêt une vérité absolue, mais personnelle. Raphaël Enthoven insistait sur cette réalité, toujours dans *Le Figaro*, mais en mars 2023, dans un débat avec Matthieu Rougé, l'évêque de Nanterre : « Lorsqu'une personne en fin de vie, atteinte d'une maladie dégénérative, se décomposant sur place, offrant à ses enfants un spectacle atroce, demande à mourir au nom de sa "dignité", elle ne détourne pas le sens du mot. Vous pouvez ne pas partager la conception qu'elle a de la "dignité", mais elle est, à cet instant, viscérale et incontestable. Et l'argument du nombre de cas d'euthanasies n'en est pas un. Toute liberté comporte en elle le risque d'un mauvais usage. La liberté d'avorter a produit des comportements irresponsables, la liberté de conduire a produit des accidents de voiture, la liberté de fumer produit des cancers… Le mauvais usage d'une liberté n'est jamais un argument recevable contre l'attribution de cette liberté. Autoriser n'est pas promouvoir. »

2/ Refuser la douleur, ultime liberté

Après avoir laissé parler les philosophes, donnons la parole aux médecins. À quoi servira cette liberté que nous réclamons ? À soulager la douleur. Il me semble essentiel de poser des mots sur une réalité : la douleur. Celle que vivent des milliers de patients en France aujourd'hui, et que vivront des milliers de patients demain – dont moi, peut-être. Regardons-la en face.

La douleur intense, non apaisable

Quand la douleur est intense, elle se développe, s'étend, prend toute la place et, littéralement, la tête. « La douleur physique, quand elle entraîne des incapacités de faire certaines choses, de travailler, de se divertir, de se reposer, d'avoir une vie sociale, de penser librement à autre chose, devient une souffrance morale », explique le Dr Anne Vivien, anesthésiste-réanimateur et vice-présidente de l'ADMD. Les douleurs physique et morale retentissent l'une sur l'autre, elles entrent en résonance. La douleur physique entraîne la douleur morale, qui sape les dernières forces et ne permet plus de supporter la douleur physique. « C'est à ce moment-là que la vie du patient devient impossible, insupportable », ajoute le Dr Vivien.

Quand la douleur est provisoire, il est possible de se projeter vers l'après. Le patient sait que guéri, il ne souffrira plus. Il s'accroche à cette idée et cela lui enlève un poids, il supporte alors un peu plus le présent. Mais certaines maladies, à un stade avancé, provoquent des souffrances qui ne peuvent plus être apaisées sans l'intervention d'un médecin spécialisé, un anesthésiste ou un médecin qui travaille dans un centre antidouleur ou de soins palliatifs. La grande souffrance est rétive, complexe, c'est un domaine très spécifique : « Apaiser la souffrance demande des connaissances spécifiques, de la patience et de l'écoute. Tous les médecins n'en sont pas capables, par manque de formation ou de temps », assure Anne Vivien. Pour les patients hospitalisés, il est relativement simple de trouver ce type de professionnels : les réseaux existent au sein de l'hôpital. Les procédures sont souvent efficaces… quand elles sont respectées, c'est-à-dire que les médecins spécialisés sont présents, disponibles, et prévenus que leur expertise est nécessaire. Pour les malades à domicile, les choses sont plus complexes et aléatoires. Tout dépend de l'endroit où ils vivent : dans certaines localités, il faut attendre trois mois pour obtenir un rendez-vous au centre antidouleur. Il n'y a pas de standard téléphonique le week-end. L'unité mobile de soins palliatifs est débordée. Et cela continue, encore et encore…

Alors les malades souffrent, et leur relation de confiance avec leur médecin aussi. Car tant que le médecin peut faire quelque chose, le patient gardera une certaine sérénité, née de l'assurance d'être compris et protégé. Mais souvent, le médecin se concentre sur la maladie, oubliant de considérer la douleur : « Quand j'animais des groupes de parole à l'Hôpital américain, évoque le Dr Claude-Alain Planchon, cancérologue, les patients racontaient souvent des histoires similaires : ils se plaignaient de douleurs ici ou là, le médecin regardait le bilan et les analyses et répondait : “Mais non, tout va bien, ne vous inquiétez pas !”, et le patient rentrait chez lui avec ses douleurs sous le bras, sans avoir été écouté. »

Et quand le médecin ne peut plus rien ou qu'il ne sait pas faire, que l'anesthésiste, qui a le temps et les compétences nécessaires pour soulager son patient, n'a plus de solution pour apaiser la douleur parce que la maladie a progressé et que la science n'a plus rien à proposer, alors, la seule solution aujourd'hui est la sédation profonde. On plonge les malades dans le coma. Et on attend la mort.

Les douleurs chroniques, une épée de Damoclès

D'autres douleurs intenses sont apaisables, mais pas durablement. Elles sont chroniques. En période de rémission, le malade revit, mais il ne se détend jamais complètement, parce qu'il sait avec certitude que cela va recommencer. Peut-être aujourd'hui, peut-être tout à l'heure, ou demain, ou dans une semaine, il ne le sait pas. Sa vie devient un cauchemar, il anticipe en permanence ce qui ne va pas manquer d'arriver, pétri d'une angoisse constante, lancinante. Ajoutons à cela que les médicaments, dans le cas de douleurs chroniques, perdent de leur efficacité à mesure que les maladies progressent. Donc, les douleurs augmentent au fil du temps, au moment où la pharmacie a de moins en moins d'armes pour soulager. Quel calvaire ! Sans parler des douleurs rétives à tout traitement.

Les effets secondaires, remplacer une douleur par une autre

Enfin, il y a les souffrances apaisables, mais à un certain prix. Le patient n'aura plus mal, mais il devra vivre avec des effets secondaires. La morphine, par exemple, peut provoquer des nausées, des constipations jusqu'à l'occlusion intestinale, des pertes d'appétit. Il n'y a pas que des effets physiques pénibles, il y a aussi des modifications psychiques. La morphine peut en effet provoquer un état semi-comateux, une somnolence très désagréable, parfois même des hallucinations effrayantes. Elles sont particulièrement atroces chez les personnes âgées. Brutalement dit : la morphine change la perception de la vie. Le malade vit en parallèle du monde et de lui-même. Il n'est pas vraiment là, n'est plus vraiment lui-même. Progressivement, la morphine devient intolérable. « Le traitement devient alors une servitude, donc une perte de dignité si l'on considère qu'être dépendant de quelqu'un ou de quelque chose, avoir des effets secondaires indésirables, est un amoindrissement de la vie. Ce n'est pas digne. On n'est plus libres », conclut le Dr Vivien.

La douleur intense ne se guérit pas avec de la gentillesse, de la bienveillance, du confort, et un environnement agréable. « La douleur d'être prisonnier de son corps n'est pas toujours soluble dans la morphine. On ne guérit pas à coups de bienveillance le désespoir d'être aphasique ou impotent. Aucune lumière venue d'un autre ne rend l'envie de vivre à celui qui est l'ombre de lui-même », écrit Raphaël Enthoven.

3/ Pour une nouvelle loi sur la fin de vie !

Pourquoi demander une nouvelle loi, alors qu'il existe déjà tout un arsenal juridique ? En 1999, une loi pour garantir le droit d'accès pour tous au soulagement de la douleur et à des soins palliatifs ; en 2002, la loi Kouchner et le droit au refus de traitement ; en 2005, la loi Leonetti et l'interdiction de l'obstination déraisonnable ; en 2016, la loi Claeys-Leonetti, avec le droit de demande d'accès à la sédation profonde et continue jusqu'au décès, s'il est inévitable et imminent, c'est-à-dire, selon la Haute Autorité de santé, si le décès va se produire dans les toutes prochaines heures, éventuellement les prochains jours. Bref, comme le dit Jean Leonetti à longueur d'interviews, à l'image de celle donnée le 8 novembre 2023 au journal *Le Midi libre*, « les lois actuelles sont suffisantes en fin de vie, en soulageant les souffrances quelles qu'elles soient, même si cela doit accélérer la mort ». Tout est prévu, ne craignez rien ! Passez votre chemin !

Sauf que… une ligne plus bas, Jean Leonetti reconnaît que les malades dont le diagnostic est engagé à moyen terme ne sont pas accompagnés, « parce que la médecine ne permet pas aujourd'hui de pronostiquer la mort à six mois ». J'en conclus donc que les lois ne sont pas suffisantes. Pour moi, c'est une évidence. Soit la loi aide tout le monde, soit elle n'aide personne. On ne peut pas choisir ceux qui seront accompagnés et abandonner les autres ! Lui tire la conclusion inverse. Cela me laisse perplexe.

Les oubliés de la loi en vigueur

Avec le Dr Leonetti, nous sommes malgré tout d'accord sur un point, quand il souligne que la situation des malades condamnés à moyen terme est volontairement ignorée. Il s'en contente ; moi non. Les patients atteints de pathologies graves, incurables, dont l'évolution des symptômes et la perte d'autonomie n'ont pour seule issue que le décès à moyen, voire long terme n'ont aujourd'hui aucun recours, aucun secours à attendre de la médecine. Malgré l'énorme retentissement médiatique de son histoire, Vincent Humbert, un jeune homme devenu tétraplégique, aveugle et muet après un accident de la route, n'aurait toujours pas le droit de mourir. Il ne pouvait plus s'exprimer qu'en bougeant le pouce droit ! Il voulait mourir : qui oserait le juger ? Sa mère, à sa demande, provoqua son décès avec l'aide d'un médecin. Qui oserait les condamner l'un et l'autre pour « administration de substances toxiques » ou « meurtre avec préméditation », leurs chefs d'inculpation respectifs ? Personne. Le procès débouchera sur deux non-lieux.

Patrick Kessel, compagnon de lutte de longue date de l'ADMD, défenseur de la laïcité, a témoigné dans l'ouvrage *20 contributions pour mieux comprendre.* Il y évoque avec pudeur la maladie qui le frappe. Il sait qu'un jour la douleur va s'inviter et a déjà choisi de ne pas l'accepter. « Si j'accepte de vivre dans l'incertitude, parce que c'est le principe même de la vie, je refuse de survivre dans la souffrance et dans la décomposition. C'est la limite que je me suis posée, et je veux qu'elle soit respectée. » Quand on s'est battu autant que lui pour la liberté – et il l'a fait autant au sein d'associations, de cabinets ministériels, de partis républicains, de syndicats, que de rédactions – alors sa voix mérite d'être écoutée. Entendue. Respectée.

Et les malades dont la sédation profonde ne provoque pas une mort rapide, et dont l'agonie se prolonge au-delà du supportable pour les proches, qu'en fait-on ? Qui peut supporter l'idée d'être laissé dans cet état, entouré par des proches qui partagent la souffrance, qui seront, leur vie durant, hantés par ce souvenir ? Je n'ai pas le sentiment de prendre beaucoup de risque en répondant : personne. Et qu'en est-il de la frustration des soignants empêchés d'agir jusqu'à ce qu'enfin la mort arrive comme une délivrance ?

Une nouvelle loi est nécessaire. Elle s'impose. Si Jean Leonetti est satisfait des lois qui portent son nom, Alain Claeys, coauteur de la loi Claeys-Leonetti de 2016, ne l'est pas : lui aussi réclame une nouvelle loi ! Il l'a affirmé haut et fort en juin 2023, à la Sorbonne, lors des Assises nationales sur la fin de vie : il n'est pas possible de laisser certains patients de côté sans autre solution qu'un haussement d'épaules. Pour ce socialiste, engagé en politique et au service des citoyens depuis 1982 (il a été conseiller régional, député, maire…), il est inacceptable dans un État de droit tel que le nôtre d'aider les uns sans aider les autres. Une loi doit être universelle, et, selon la règle de droit, « aveugle aux différences » et garantir à chacun d'être traité de manière identique, donc égale, malgré les différences. « La loi doit aujourd'hui répondre à toutes les situations de fin de vie. Je souhaite rappeler que la qualité de la démocratie tient à ce que l'on pense et propose envers et pour les plus vulnérables », a-t-il assuré.

Nous vivons dans l'incertitude de l'avenir. Nous ne savons pas de quelle manière la mort viendra nous cueillir. Peut-être ferons-nous partie des plus vulnérables. À ce moment-là, nous verrons bien comment nous réagirons… si nous en avons le choix. Cela me rappelle Paulette Guinchard-Kunstler, une femme politique engagée à gauche. Dans un premier temps, elle s'est opposée à la légalisation de l'euthanasie. En 2005, dans une tribune publiée par *Le Monde* qu'elle avait cosignée, elle soutenait la loi Leonetti et affirmait : « La légalisation de l'euthanasie, à l'instar des législations hollandaise et belge, aurait-elle été une meilleure solution ? Nous pensons que non, et cela pour plusieurs raisons… » Mais, atteinte d'une maladie génétique invalidante, elle a changé d'avis sur la question et est partie en Suisse pour y mourir, non sans avoir demandé à sa famille, avec une grande dignité et une égale élégance, de rendre sa décision publique. Les certitudes théoriques ne sont rien tant que l'on n'est pas soi-même confronté à sa fin de vie.

Des lois trop floues, et peu appliquées

Par ailleurs, Alain Claeys le sait bien, la loi qui porte son nom et celui de Jean Leonetti est relativement peu appliquée. Tout simplement parce que personne ne sait au juste ce que signifie concrètement le décès « imminent ». Le législateur pensait-il à deux heures, deux jours, deux semaines, deux mois ? Nul ne le sait. Cela a été laissé à l'appréciation du médecin. Pourtant, les médecins ne sont pas de grands amateurs d'imprécision. Ils n'aiment pas beaucoup le flou en matière de soins, surtout quand la situation est grave. Ils ont de l'expérience, savent quand un malade va mourir, mais ont tous des exemples où un patient a résisté, contre toute attente. Leur dire « à vous de juger »… si le niveau de douleur et l'imminence du décès sont compatibles avec l'encadrement légal en vigueur, équivaut à les charger d'une responsabilité écrasante qu'ils n'ont pas envie de porter seuls. C'est une prise de risque dans un métier qui en comporte déjà beaucoup. Une responsabilité de plus dans un quotidien qui en supporte déjà beaucoup.

Or, loin d'avoir appris la leçon, le législateur parle aujourd'hui de « moyen terme » pour la nouvelle loi sur la fin de vie. Court terme, moyen terme, on reste dans les concepts ambigus et insatisfaisants. Cela ne marche pas, continuons ainsi ! Martine Lombard, professeure émérite à l'université Paris-Panthéon-Assas, spécialiste de droit public, a vu le danger dès que les premières rumeurs d'une utilisation des mots « moyen terme » dans la loi a commencé à courir. Depuis, elle prévient, inlassablement. « Le problème posé par une telle condition tient à la nécessité d'apporter une preuve négative : le malade ne pourra pas vivre plus de six mois. L'attester est par nature quasi impossible et bien des médecins français le disent d'ores et déjà », écrivait-elle le 10 novembre 2023 dans *Le Monde*, dans une tribune qu'elle cosignait avec Mélanie Heard, docteure en sciences politiques et membre du comité exécutif de la Chaire santé de Sciences Po.

Des politiques qui manquent de courage

En octobre 2023, lors de notre 43e assemblée générale, qui a eu lieu à Valence, dans la Drôme, Martine Lombard préparait l'auditoire à la bataille parlementaire qui va s'engager pour encadrer de nouveau la fin de vie et ouvrir, espérons-le, de nouveaux droits : « Il va falloir se battre, se battre à l'Assemblée nationale parce que le Sénat n'aidera en rien notre cause. Le gouvernement ne déclenchera pas une procédure d'urgence, donc il y aura trois lectures à l'Assemblée, trois lectures successives, et à chaque fois, il faudra supprimer la notion de "moyen terme". Par trois fois, il faudra y veiller, et par trois fois, se battre. » Cette amie de longue date de l'ADMD, auteure d'un livre passionnant, intitulé *L'Ultime Demande*, a alors regardé la salle bien en face : « Oui, c'est de la technique juridique. Mais c'est de ça que va dépendre la loi. » Il faudra donc être vigilant jusqu'au bout, et ne faire confiance à personne.

Martine Lombard n'était pas seule à prévenir de la difficulté du combat qui s'annonce. Les hommes politiques sont frileux, et c'est peu de le dire ainsi, quand il s'agit de légiférer sur les questions d'éthique en général, et sur la mort en particulier. Ils sont inexplicablement inquiets des reproches que pourraient leur faire leurs électeurs en la matière alors que « même les électeurs du Rassemblement national sont à 90 % favorables à une loi légalisant l'euthanasie ! », rappelait Jean-Luc Romero-Michel le même jour, soulignant ainsi que même à droite de la droite les électeurs, encore plus conservateurs que les conservateurs, réclament de pouvoir choisir le moment où ils vont mourir, et la manière, si leur vie devient insupportablement douloureuse. Jean-Luc était assis à côté de Martine Lombard : tous deux participaient à une table ronde pour clore notre 43e assemblée générale. Jean-Luc est le président d'honneur de l'ADMD, qu'il a longtemps brillamment dirigée. Mais c'est aussi un homme politique engagé à Paris et en Île-de-France depuis des décennies. Il se souvient encore de l'immense espoir donné par François Hollande lors de la campagne présidentielle de 2012. La proposition 21 de son programme assurait vouloir accorder aux Français, dans « des conditions précises et strictes », une « assistance médicalisée pour terminer sa vie dans la dignité », et stipulait que cette mesure serait réservée à « toute personne majeure en phase avancée ou terminale d'une maladie incurable, provoquant une souffrance physique ou psychique insupportable, et qui ne peut être apaisée ». Jean-Luc Romero-Michel se souvient encore de l'enthousiasme à l'ADMD, et dans les rangs des militants politiques : « On y a cru, on y a tous cru ! Et puis on a dû se rendre à l'évidence. Il y aurait de nouveau une loi Leonetti, qui est à titre personnel contre l'euthanasie et le suicide assisté. Mais nous ne demandons pas une loi pro-euthanasie ! Nous voulons une loi qui donne la liberté de choix. » Dans un communiqué de janvier 2016, alors que la commission mixte paritaire se réunissait au Parlement, Jean-Luc condamnait « le manque d'ambition des parlementaires, pire, d'humanité dont ils ont fait preuve pour traiter ce sujet majeur. »

Nous voulons juste une loi équilibrée qui, enfin, donne la liberté de choix.

Chapitre 2

(In)égalité

Des faits

Nous ne réclamons pas seulement la liberté de choix : nous réclamons aussi l'égalité face à ce choix. Une égalité devant la fin de vie qui, je le répète encore et le répéterai jusqu'à la dernière ligne, doit respecter la décision du malade. Il arrive toujours un moment où le patient sait comment il souhaite mourir et quand il souhaite que cela arrive : cette volonté doit être reconnue comme un droit universel, qui pourra être exercé de manière personnelle et éclairée, en fonction des convictions de chacun et des circonstances. Or aujourd'hui, en matière de fin de vie, nous faisons surtout face à de multiples inégalités.

1/ Première inégalité : le difficile accès aux soins palliatifs

La première de toutes, la plus évidente, la plus exaspérante aussi, est l'inégalité face aux soins palliatifs. Exaspérante, parce qu'elle ne devrait plus exister depuis longtemps. Cela fait vingt-cinq ans, le 9 juin 1999 exactement, que la loi visant à garantir l'accès aux soins palliatifs a été adoptée. Depuis un quart de siècle, donc, son article 1 assure que « toute personne malade dont l'état le requiert a le droit d'accéder à des soins palliatifs et à un accompagnement ». Peut-être parce que cette pratique médicale était encore balbutiante à l'époque, le législateur ne s'est pas arrêté aux grands principes. Au contraire, il est entré dans les détails, il a mis les mains dans le moteur du système de santé. Le texte précise ainsi : « Les soins palliatifs sont des soins actifs et continus pratiqués par une équipe interdisciplinaire en institution ou à domicile. Ils visent à soulager la douleur, à apaiser la souffrance psychique, à sauvegarder la dignité de la personne malade et à soutenir son entourage. » Cette loi de 1999 n'est pas une loi comme les autres : c'est, littéralement, une loi fondamentale, puisqu'elle a ouvert la voie à toutes les autres lois sur la fin de vie. On l'a oublié aujourd'hui, mais ce texte évoque déjà le choix du patient, en lui accordant le droit de refuser les soins : « La personne malade peut s'opposer à toute investigation ou thérapeutique », indique l'article 1, alinéa C. Trois ans plus tard, la loi Kouchner de 2002 consacrera formellement le droit du patient de prendre des décisions concernant sa santé et l'obligation des soignants de créer toutes les conditions pour éclairer ces décisions.

Le texte de la loi de 1999 entre donc dans les détails de manière inhabituellement précise. Peut-être le législateur se méfiait-il un peu de la lenteur de l'État ? L'article 2 prévoit par exemple toutes ses modalités d'application et désigne ceux qui seront chargés de sa mise en œuvre : « Le schéma régional d'organisation sanitaire fixe en particulier les objectifs permettant la mise en place d'une organisation optimale pour répondre aux besoins en matière de soins palliatifs. » Tout est prévu : comment organiser les soins palliatifs au sein des hôpitaux, comment accompagner les malades hospitalisés à domicile, la manière dont les soignants seront rémunérés… On constate aujourd'hui que nous sommes encore loin de l'universalité garantie par le législateur. L'État en est à son cinquième plan de soins palliatifs et de l'accompagnement de fin de vie (2021-2024). Selon l'*Atlas des soins palliatifs et de la fin de vie en France*, publié en 2023 par le ministère de la Santé, ce plan « traduit l'engagement de garantir à tous les citoyens, sur l'ensemble du territoire et dans tous les lieux de vie, l'accès aux soins palliatifs et à une prise en soin graduée, adaptée et de proximité ». J'irai droit au but : pour en être encore là au bout de vingt-cinq ans, j'ai connu des engagements plus convaincants et des réussites plus éclatantes. Les besoins en soins palliatifs restent énormes. La Cour des comptes a récemment estimé qu'ils n'étaient couverts qu'« à hauteur de 50 % ». L'accès aux soins palliatifs n'est donc toujours pas garanti.

Concrètement, aujourd'hui, la France dispose de 11,1 lits de soins palliatifs pour 100 000 habitants en moyenne. C'est trop peu dans un pays qui vieillit rapidement. Le nombre de citoyens de plus de 75 ans a doublé en trente ans, et celui de ceux qui dépassent les 90 ans a triplé ! On manque de lits un peu partout. Même si de gros efforts ont été faits, certains habitants seront plus facilement accompagnés que d'autres vers la mort – l'universalité du droit n'est donc pas respectée. Selon l'*Atlas* de 2023, « des disparités territoriales persistent sur le territoire français : 21 départements n'ont pas d'unité de soins palliatifs (USP) : Ardennes, Cher, Corrèze, Creuse, Eure-et-Loir, Gers, Indre, Jura, Lot, Lozère, Haute-Marne, Mayenne, Meuse, Orne, Pyrénées-Orientales, Haute-Saône, Sarthe, Tarn-et-Garonne, Vosges, Guyane, Mayotte ».

Vous me pardonnerez d'entrer ici dans le détail, mais il s'agit d'être intellectuellement parfaitement honnête si l'on prétend dénoncer une situation inégalitaire et y remédier efficacement. Précisons donc que l'*Atlas* parle bien de manque d'unités de soins palliatifs, qui sont des services dont les lits sont totalement dédiés à la prise en charge palliative et à l'accompagnement de la fin de vie, à la fois lieu de soins et lieu de vie pour la personne malade et ses proches. Ne pas disposer d'USP dans un département ne signifie pas que les malades qui y vivent n'ont pas accès du tout aux soins palliatifs : depuis 2020, il existe partout des lits identifiés de soins palliatifs (LISP), qui offrent une prise en charge spécialisée en soins palliatifs dans un service d'hospitalisation « fréquemment confronté à des fins de vie, mais dont l'activité n'y est pas exclusivement consacrée ». Les départements sans USP disposent d'ailleurs dans leur immense majorité d'un nombre de lits identifiés supérieur à la moyenne nationale.

Quoi qu'il en soit, les faits sont là, et ils sont têtus. Malgré les USP et les LISP, malgré les plans nationaux, malgré les grands discours : la demande de soins palliatifs est bien supérieure à l'offre existante. Obtenir une place en USP ou un lit en LISP est une chance, due au hasard ou au coup de main de quelqu'un bien placé. Ceux qui affirment le contraire, à l'instar de certains médecins et hommes politiques, méconnaissent totalement la réalité, ou font preuve de malhonnêteté intellectuelle. Leur but est, comme toujours, d'opposer les soins palliatifs aux demandes d'aide à mourir, et ainsi de vouloir faire croire que ces demandes n'existent que parce qu'il n'y a pas de soins palliatifs, présentés comme la panacée. Cette dernière idée est totalement fausse et brandie par celles et ceux qui, exerçant parfois en soins palliatifs, expliquent n'avoir jamais entendu une seule demande d'euthanasie de la part d'un patient, ou concèdent finalement du bout des lèvres « une ou deux en des dizaines d'années d'expérience ». Souvent, cette demande a eu lieu, mais ils ne l'ont pas écoutée. C'est ce que le professeur François Damas, médecin belge combatif et très connu, nomme « l'inentendu » : « Les demandes d'euthanasie existent donc vraiment. Beaucoup de médecins en fin de carrière prétendent pourtant n'en avoir jamais rencontré. Cela ne laisse pas de m'étonner. C'est là que l'on découvre que "l'inentendu" médical est bien plus vaste qu'on ne l'imagine », écrit-il dans *La Mort choisie. Comprendre l'euthanasie et ses enjeux* (éditions Mardaga, 2013). Plus loin, il est encore plus clair, jugeant sévèrement ses pairs : « Ce dont souffre actuellement la personne âgée, c'est de "l'inentendu" médical : clairement, les vieillards qui souhaitent une euthanasie ne sont ni écoutés ni entendus. Il est bien plus convenable de leur dire que ce n'est pas possible, qu'ils ne sont pas dans une situation conforme à ce que veut la loi. Le médecin ne se remet guère en question puisqu'il a pratiqué une médecine paternaliste depuis toujours, particulièrement pour toutes ces personnes âgées qu'il accompagne de cette manière depuis de longues années. »

Il convient de l'écrire à nouveau : il ne doit y avoir aucune opposition entre les soins palliatifs et l'aide à mourir. Les demandes existantes d'accompagnement dans le cadre d'une euthanasie ou d'un suicide assisté ne sont pas le fruit d'une absence territoriale de soins palliatifs. Il suffit de regarder des études existantes pour le comprendre : des demandes persistantes d'aide à mourir ont lieu en France dans le cadre même d'un accompagnement en soins palliatifs. L'avis 139 du Comité consultatif national d'éthique (CCNE), rendu public en septembre 2022, l'a d'ailleurs souligné en faisant état d'une étude récente conduite auprès de patients en soins palliatifs selon laquelle 9 % des personnes exprimaient un souhait de mourir et 3 % une demande d'euthanasie. La France n'est pas une exception sur ce sujet. Pour preuve, regardons la Belgique où, en 2022, 7,8 % des euthanasies ont eu lieu dans des unités de soins palliatifs, et qui depuis plus de vingt ans s'est dotée d'une loi dépénalisant l'euthanasie couplée à une loi visant à développer les soins palliatifs votée simultanément.

Il convient évidemment de reconnaître que les soins palliatifs permettent de soulager l'immense majorité des souffrances physiques. Nul ne peut le nier. Mais qu'en est-il des souffrances psychiques, existentielles ? Et des souffrances physiques réfractaires ? Là encore, il faut sortir du dogme et tenir compte de la réalité. Nous nous battons pour une loi équilibrée permettant un accès universel aux soins palliatifs et la légalisation de l'euthanasie et du suicide assisté. Nous nous battons pour ouvrir le champ des possibles et nous le faisons aussi car nous reconnaissons que les soins palliatifs ne peuvent pas tout. Même si chaque Français y avait totalement accès. Même si chaque Français voulait en bénéficier. C'est d'ailleurs cela aussi qu'il faut améliorer. L'ADMD estime qu'au-delà de mettre des moyens supplémentaires en termes de soins palliatifs, c'est d'une infusion de la culture palliative dont nous avons collectivement besoin. Bien sûr, il faut plus de lits, plus d'unités, plus de médecins formés à la fin de vie et à son accompagnement. Mais il faut surtout qu'on parle palliatif, du médecin généraliste au spécialiste. Il faut un discours clair, courant, dépassionné. Que les malades sachent que cela existe, que c'est un recours et une issue possibles pour eux. Qu'ils peuvent en bénéficier si c'est leur choix. Il faut qu'enfin les soins palliatifs fassent partie du paysage, au même titre que n'importe quelle autre pratique médicale.

En cela, la France doit regarder les choses en face : bon élève, mais peut mieux faire. La preuve en a été donnée lors de la présentation du cinquième plan sur les soins palliatifs, en 2021 : quand nous appliquions un budget de 2,50 euros par habitant, l'Autriche votait simultanément une loi permettant le suicide assisté et le développement des soins palliatifs, avec un budget de 12 euros par habitant… Cinq fois plus ! Sans oublier l'absence totale de plan pendant trois ans pour ce développement en France entre 2018 et 2021. Trois années au cours desquelles l'ADMD était bien seule pour réclamer un nouveau plan. Que faisaient à l'époque toutes ces personnes qui crient partout aujourd'hui que les soins palliatifs sont la meilleure solution pour l'accompagnement de la fin de vie ? Où étaient-elles quand il fallait mettre en place chaque plan ? Pourquoi n'ont-elles manifesté aucun désaccord lors de leur présentation, alors que chacun d'entre eux était plus décevant que le précédent ? Crier que rien ne va est une chose. Mais quand on est au pouvoir, il faut assumer ses propos et améliorer la situation. Des parlementaires, des médecins, des sociétés savantes ont été bien silencieux lors de ces années d'inaction.

Nous n'inventons rien. Quand nous regardons ce qu'il se passe ailleurs dans le monde, nous voyons bien que tous les pays qui ont légiféré sur l'aide à mourir ont également déployé les moyens nécessaires pour développer les soins palliatifs pour qu'une euthanasie ou un suicide assisté ne soient jamais un choix par défaut. Nous n'inventons rien. Dans tous ces pays, et cela devrait être la même chose en France, l'aide à mourir est un continuum des soins d'accompagnement. « L'ultime soin », comme le disent si bien nos amis belges.

2/ Deuxième inégalité : une inégalité sociale et financière

« Nous sommes dans un pays à deux vitesses : il y a ceux qui ont un réseau, des connaissances et des moyens... et les autres. » Jean-Luc Romero-Michel, au fil des conférences, des livres, des discours, évoque régulièrement des amis, des compagnons de route, des militants qui, malades, épuisés, sont partis en Suisse, en Belgique ou ailleurs pour mourir. Il a parlé de certains d'entre eux avec émotion mais sans tristesse. Dans un sourire, il s'est souvenu d'Alain Cocq, qui a milité à nos côtés pendant plusieurs décennies. Atteint d'une maladie incurable diagnostiquée à 23 ans, Alain a vécu pendant trente-cinq ans dans des douleurs insoutenables. Il est parti mourir en Suisse, à Berne, durant l'été 2021. « Sa fin de vie a été belle. Il a eu le temps de dire au revoir, de prononcer et de recevoir des mots d'amour, il est parti serein », a raconté Jean-Luc Romero-Michel, qui était à ses côtés ce jour-là. Si Alain a pu mourir ainsi, entouré et apaisé, c'est qu'il savait où aller, à qui s'adresser, quelles étaient ses options. Il était informé, connaissait ses droits. Il savait qu'il ne pouvait bénéficier de la loi Claeys-Leonetti, puisque, même si ses souffrances étaient intenses, son diagnostic vital n'était pas engagé à « court terme ». Il avait demandé à Emmanuel Macron d'autoriser exceptionnellement son médecin à l'aider à mourir et avait essuyé son refus, sans surprise. Cela ne l'a pas fait changer d'avis sur son choix de mourir comme il l'entendait : il a simplement compris qu'il ne mourrait pas en France, mais à l'étranger. Ces fuites obligatoires au-delà de nos frontières qu'ont connues tant de nos proches.

Mais il ne faut pas oublier la réalité du modèle suisse. Si l'on veut pouvoir mourir dignement, comme on l'a choisi, au moment où on l'a choisi, il ne faut pas seulement avoir un réseau d'information et de soutien, il faut également avoir de l'argent, parfois beaucoup d'argent, pour couvrir les frais de l'association suisse qui accompagne les patients (elles sont à but non lucratif), la location des locaux où se pratique le suicide assisté, la rémunération du personnel et des pompes funèbres. Il faut aussi parfois payer un avocat pour forcer la banque à accepter de faire un virement vers la Suisse – elles refusent de temps en temps, au prétexte que le suicide assisté est interdit en France. Pour dire les choses de manière transparente, la facture oscille entre 8 000 et 12 000 euros, hors frais de déplacement, d'ambulance, et d'hôtel. Est-il juste, humain, digne, de devoir payer pour mourir comme on a choisi de le faire, pour ne pas souffrir ?

Tous ceux qui ont fait appel à nos amis suisses d'Ex International, de Life Circle, de Pegasos ou de Dignitas, que ce soit pour eux-mêmes ou des proches, témoignent du sérieux de leur accompagnement, mais aussi de la complexité des démarches à accomplir au préalable. Il faut fournir de nombreux certificats médicaux et d'identité, pas toujours simples à réunir lorsque l'on est épuisé, handicapé, malade. Généralement, il faut demander de l'aide pour monter le dossier, et obtenir le soutien d'un médecin, qui va décrire précisément l'état de son patient. Il faut donc un entourage qui soit à la fois capable d'aider et désireux de le faire. Ce n'est pas toujours le cas, loin de là. Quand la famille s'en charge, par amour et dévouement, c'est au prix de beaucoup de travail, d'angoisse et de tristesse. Parfois, des amis ou des associations viennent à la rescousse, si la famille refuse ou si le patient veut la préserver.

Sophie Grassano, militante depuis près de quarante ans à l'ADMD et bénévole de l'ADMD Écoute, a accompagné Jeany, une autre militante, mourir en Suisse. Elle l'a fait par amitié, parce que leurs liens étaient forts : « C'est un engagement qui demande du temps, de l'engagement. Il faut être à l'écoute et disponible. Je l'ai fait parce que Jeany me l'a demandé, en tant qu'amie. » Sophie décrit Jeany comme une femme qui aimait la vie et savait en profiter : « Sur toutes les photos que j'ai d'elle, elle a une coupe de champagne à la main ! Elle détestait faire la cuisine, nous allions au restaurant. Pour le dernier dîner partagé avec elle, elle m'avait invitée à La Coupole, à Paris ! Elle aimait vivre et elle était très généreuse. » Jeany était aussi une femme indépendante, déterminée, qui savait ce qu'elle voulait. Atteinte d'un cancer, elle ne voulait pas souffrir et surtout, elle refusait catégoriquement la sédation profonde autorisée par la loi Claeys-Leonetti. « Elle était représentante des usagers au sein du centre de soins palliatifs de Clermont-Ferrand et savait parfaitement de quoi il s'agissait. Elle appréhendait beaucoup de ne pas avoir le temps de partir en Suisse avant d'être trop faible pour faire le geste qui lui apporterait la mort souhaitée. Elle avait peur, vraiment peur d'une agonie qui dure des semaines et des semaines. » Quand les métastases se sont multipliées dans sa colonne vertébrale, en juillet 2022, elle a craint de « se casser en deux » et a demandé à ses deux personnes de confiance, ainsi qu'une amie et voisine, de l'aider à partir rapidement en Suisse. « Or, le dossier est très long à monter. Il faut envoyer tout le dossier médical, naturellement, mais aussi une attestation récente de discernement, rédigée par un neurologue ou un neuropsychiatre. Or, il n'est pas évident d'avoir un rendez-vous rapidement », raconte Sophie. Il faut aussi rassembler des documents d'état civil récents, difficiles à obtenir. Jeany avait choisi Ex International, à Berne. L'association lui avait envoyé les coordonnées d'une société d'ambulances suisse qui, compte tenu de l'état physique de Jeany, a exigé qu'un soignant l'accompagne pendant le voyage. Heureusement, l'une des personnes de confiance était médecin… Nous étions début septembre 2022. « Moi, j'étais partie en train, la veille, pour rassurer Jeany qui avait peur que quelqu'un fasse défaut au dernier moment. » L'ambulance a roulé de nuit, Jeany est arrivée à Berne au petit matin. Ex-International avait veillé à ce que Sophie prenne un petit déjeuner complet : « Vous allez en avoir besoin, la matinée va être longue. » Jeany, elle, rayonnait : « Elle était fraîche, avait bonne mine, je le lui ai dit ! » Après consultation du médecin, devant lequel elle réitéra sa demande de suicide assisté, elle a fait ses adieux à ses amies : « Nous avons discuté, elle a raconté de nouveau quelques épisodes de sa vie, et elle m'a dit qu'elle avait hâte, qu'elle était prête. » Ensuite, Sophie et l'autre accompagnante quittèrent la pièce. « Jeany avait choisi d'être seule avec l'infirmière et la responsable d'Ex International, Madeleine, pour le dernier moment. » Tout s'est passé rapidement : « Madeleine nous a dit que tout s'était bien passé, qu'elle était partie. » Sophie n'était pas triste : elle souriait en parlant de son amie. « L'association a été d'une grande douceur, d'une grande humanité. Tout le monde devrait pouvoir mourir ainsi, paisiblement. »

Le nombre des patients venant de France doit être de quelques dizaines chaque année, même s'il est impossible à connaître réellement. Mais qu'il y en ait une seule, dix, cent ou mille, ces morts à l'étranger sont indignes de notre pays. Car à la souffrance générée par la fin de vie s'ajoute l'exil, seulement compensé par la présence de quelques proches – souvent la famille, parfois des amis, rarement plus de deux ou trois personnes selon les récits des soignants sur place. Néanmoins, il faut remercier les associations suisses d'accueillir ainsi des étrangers pour les aider à mourir paisiblement.

3/ Troisième inégalité : l'inégalité transfrontalière

Si, malgré le coût financier élevé, certains patients choisissent la Suisse, c'est que la procédure légale n'y exige pas de consulter un médecin sur place au préalable. Tout peut être fait depuis la France, sans se déplacer – ce qui est essentiel pour les personnes handicapées ou trop fatiguées, ou trop âgées... bref, tous ceux qui ont perdu leur autonomie et leur liberté de mouvement.

Ce n'est pas pareil en Belgique : il faut s'y rendre au moins deux fois (et c'est vraiment un minimum) avant de pouvoir bénéficier de ce qu'ils appellent « l'ultime soin ». Car si la loi belge relative n'impose pas de conditions de nationalité ou de résidence, elle exige que le patient ait noué « une relation thérapeutique profonde avec un médecin » – et il faut que celui-ci exerce en Belgique, naturellement. Cette relation ne peut se nouer autour de la seule demande d'euthanasie : plusieurs séjours en Belgique sont donc nécessaires pour établir l'existence d'une affection grave et incurable, de souffrances inapaisables, et s'assurer du caractère volontaire et réitéré de la demande d'euthanasie, sans pression extérieure. Côté finances, il faut compter une nuit à l'hôpital et le coût du geste médical pour l'injection.

Et c'est là que se situe la troisième inégalité dont je veux vous parler : l'inégalité géographique. Certaines zones frontalières françaises et belges présentent une proximité telle que les populations, les établissements de soins et les professionnels de santé ont exprimé le souhait de mettre en œuvre des dispositifs de simplification administrative et financière en matière d'accès aux soins. Entre 2008 et 2015, sept « zones organisées d'accès aux soins transfrontaliers » (Zoast) ont été créées le long de la frontière franco-belge. Leur objectif principal est de simplifier la prise en charge des patients : les assurés sociaux français et belges qui résident de façon habituelle et permanente au sein d'une Zoast peuvent bénéficier, sans autorisation médicale préalable et sans avance de frais, d'une prise en charge des soins de santé ambulatoires et hospitaliers dans les établissements de soins frontaliers identifiés.

Vous habitez Dunkerque, Armentières, Lille, Valenciennes, Charleville-Mézières, Maubeuge ou Verdun ? Vous pouvez vous rendre dans un hôpital belge situé au sein de votre Zoast et demander à bénéficier de la loi belge en matière d'euthanasie, et celle-ci sera prise en charge par la Sécurité sociale, en France. C'est incroyablement inégalitaire, mais c'est ainsi : si vous vivez à une centaine de kilomètres maximum de la Belgique, vous bénéficiez déjà du droit à l'aide active à mourir. Vos consultations et rendez-vous médicaux dans des hôpitaux belges en lien avec l'euthanasie seront remboursés. Votre nuit d'hôpital sera remboursée. Vous vivez à 100 mètres à l'extérieur d'une Zoast ? Vous n'en bénéficiez pas, et vous paierez 2 500 euros la nuit. C'est absurde, insupportable. Comme l'écrit Philippe Lohéac, notre délégué général, « il y a donc, dans notre pays et en matière de fin de vie, une vraie rupture de l'égalité, d'autant plus scandaleuse qu'elle concerne l'ultime étape de notre vie. Et si nous sommes souvent confrontés à l'inégalité des relations ou des moyens financiers, il est rare que ce soit l'État lui-même qui organise cette inégalité : une fin de vie maîtrisée et apaisée pour quelques-uns, une fin de vie subie et contrainte pour la plus grande majorité. Il ne faut pas jalouser ceux qui sont du bon côté (tant mieux pour eux s'ils bénéficient déjà de cette ultime liberté pour laquelle nous militons), mais plutôt aider les autres à obtenir enfin le droit de décider pour eux-mêmes, en conscience, des conditions de leur propre fin de vie ».

4/ Quatrième inégalité : les euthanasies clandestines

Les euthanasies clandestines sont un sujet sensible, et qui me concerne personnellement. C'est resté un secret très longtemps : en fait, j'ai dû attendre un décès avant de parler, celui du médecin qui a accompagné mon père dans la mort, et risquait des poursuites pénales pour cela. Mon père avait un cancer généralisé et des souffrances réfractaires physiques et psychiques. C'était devenu insupportable pour lui, d'autant qu'il voulait rester maître de son destin jusqu'au bout. Cette volonté n'est pas venue avec la maladie. Elle était profondément ancrée chez lui, essentielle, fondamentale, et l'a guidé dans ses choix tout au long de sa vie. Mon père, en son âme et conscience, avait décidé du moment où les choses devaient s'arrêter, et il ne m'est pas venu une seconde à l'esprit d'envisager de l'abandonner au moment où il avait le plus besoin de moi. Je savais que j'irai jusqu'au bout pour lui, par amour filial. Nous avons dû en parler avec le corps médical en France, chercher un médecin qui accepte de prendre le risque de nous aider si cela s'avérait nécessaire. Quand nous avons été assurés qu'une totale promesse de non-abandon serait tenue, cela a permis à mon père d'appréhender sereinement la mort. Nous avons pris le temps de parler, de nous dire ce que nous n'avions pas l'habitude de nous dire, et cela m'a permis, par la suite, d'affronter le deuil plus sereinement. Mais je ne pouvais pas tout raconter des circonstances de sa mort, ni me livrer entièrement. J'ai dû me taire pendant des années afin de ne pas faire courir le risque au médecin qui nous a apporté son aide d'être dénoncé et poursuivi.

Cette étape avec mon père, je ne l'ai pas vécue seul : le médecin était à mes côtés. Tous n'ont pas la même chance : je me souviens du témoignage de cette formidable actrice, Françoise Fabian, sur le plateau de « C à vous », sur France 5, fin 2021. Elle parlait d'une mèche entièrement blanche, magnifique, qui encadrait son visage : « Cette mèche, c'est l'euthanasie. J'ai euthanasié mon père. » Celui-ci était à l'agonie, souffrait terriblement, et sa fille était désespérée de le voir ainsi. Personne ne pouvait rien faire, alors, raconte-t-elle, « j'ai viré les infirmières et supprimé ses médicaments. Il est mort en trois jours ». Comment accepter, comment supporter qu'une fille, qu'un fils soient obligés d'aider leurs parents à finir leur vie en toute clandestinité et dans l'illégalité ? Je l'ai vécu. Tous ceux qui l'ont vécu savent quel est le poids de cet acte quand le secret ajoute encore à la souffrance et au deuil.

Autre témoignage, plus récent, parmi des dizaines, des centaines d'autres : celui de la chanteuse Françoise Hardy. Atteinte d'un cancer du système lymphatique et du larynx depuis des années, elle a écrit une lettre courte mais percutante à Emmanuel Macron, publiée dans *La Tribune Dimanche* quelques jours avant Noël 2023. Ses mots sont directs, presque brutaux : « Florence Malraux, la fille d'André et Clara Malraux, a eu la maladie de Charcot. [...] Les médecins ont refusé de l'euthanasier. Elle a donc dû vivre son calvaire trop longtemps avant de décéder. » Elle évoque ensuite sa mère, elle aussi atteinte de la maladie de Charcot, mais que « deux médecins compréhensifs et courageux » ont accepté d'euthanasier pour lui éviter d'aller au bout d'une maladie incurable et insupportable. Françoise Hardy était présente. « Complice », écrit-elle. Enfin, la chanteuse parle d'elle, d'un séjour dans une clinique où des malades en étaient « à leur deuxième ou troisième récidive et n'en pouvaient plus. Tous regrettaient que l'euthanasie ne soit pas légalisée car ils avaient conscience de souffrir inutilement ». Elle termine par ces mots : « Nous espérons que vous allez permettre à des Français très malades et sans espoir d'aller mieux de faire arrêter leurs souffrances quand ils savent qu'il n'y a plus aucun soulagement possible. »

Françoise Fabian, Françoise Hardy, moi-même et bien d'autres, nous avons été parties prenantes de l'euthanasie de l'un de nos parents. D'autres enfants n'y ont pas été associés, ont été privés d'adieux, parce que leurs parents ont été euthanasiés dans le silence d'une nuit d'hôpital, sans l'accord du patient ni de la famille. Certains se doutent que la mort est venue plus vite que prévu, qu'un geste médical a abrégé des souffrances devenues inhumaines, mais n'ont jamais osé poser la question. Selon un rapport de l'Institut national des études démographiques (Ined), 0,8 % des décès, en France, sont le fait de « l'administration d'un médicament létal ». Dans l'immense majorité des cas, ces décès font suite à une demande du patient en fin de vie. Des gestes d'aide active à mourir sont accomplis pour des patients dont on suppose qu'ils sont arrivés au bout de leur vie, pour lesquels la médecine serait impuissante à apporter un traitement curatif. Comme l'écrit encore Philippe Lohéac, « on le suppose, mais ces gestes étant clandestins, nous n'en avons aucune certitude car ils ne sont pas documentés. Ce qui est certain, c'est que l'Ined reconnaît officiellement que 0,2 % des décès étudiés sont le fait de "l'administration d'un produit létal" sans (notez, le "sans") demande du patient lui-même. Nous pouvons retourner ces faits dans n'importe quel sens, ils illustrent à eux seuls – et de manière récurrente – les dérives que la loi du 2 février 2016 n'arrive pas à endiguer. Pourquoi ? Parce que la loi actuelle sur la fin de vie, en ne plaçant pas le patient concerné au cœur de toutes les décisions, en refusant d'ouvrir le champ des possibles, laisse ces patients dans une impasse, et certains médecins, compréhensifs et compatissants, devant le dilemme suivant : respecter la loi et laisser agoniser son patient, ou outrepasser la loi et accompagner humainement son patient dans la mort. Certains médecins ont été dénoncés après avoir commis des gestes de compassion et ont vu leur carrière brisée. Cela fait réfléchir… ». Je le répète : ces chiffres sont des estimations, de simples estimations. Il est impossible de savoir précisément puisque l'acte reste illégal et que les médecins ne peuvent dire la vérité sans risque de poursuites au pénal.

Certains d'entre eux, pourtant, reconnaissent à haute et intelligible voix avoir pratiqué des euthanasies au cours de leur carrière. C'est le cas du Dr Claude-Alain Planchon : « Quand j'étais encore étudiant en médecine, je m'étais brouillé avec mon père. Il m'avait coupé les vivres et je devais donc travailler pour vivre et continuer à étudier. J'avais un poste d'infirmier de nuit à l'hôpital de Poissy. C'est là que j'ai appris que la notion d'accompagnement est fondamentale, et là que j'ai pratiqué mes premières euthanasies. » Dans ces années-là, dans cet hôpital, la décision, bien que tenue secrète, était collégiale, et la famille tenue au courant. « Avant, les gens pouvaient mourir dans des circonstances épouvantables. Quand on ne pouvait plus rien pour eux, on les rendait à la famille en leur disant qu'il fallait que le patient meure chez lui. Mais la famille ne savait pas quoi faire, ni comment faire, face à des souffrances atroces ! Alors, certains médecins, dans cet hôpital – et dans bien d'autres, croyez-moi – prenaient la décision de tout arrêter, de manière à ne pas abandonner le patient et à préserver ses proches. Depuis, j'ai toujours gardé à l'esprit que quand ça se passe bien pour le malade, ça se passe bien pour l'entourage également. » Claude-Alain Planchon a été cancérologue et a accompagné un nombre incalculable de patients : « Si j'ai fait médecine, c'est par humanisme, pour être en contact avec le malade. J'ai toujours écouté sa parole, jamais pensé à sa place, jamais pris de décision que je n'aurais pas prise pour moi-même dans la même situation. »

5/ L'aide active à mourir : un droit au choix du patient

J'avais annoncé en tête de chapitre parler d'égalité, et voilà que, depuis la première ligne, je fais tout le contraire ! Je considère qu'il faut regarder la réalité telle qu'elle est aujourd'hui pour préparer des lendemains plus justes – vraiment plus justes, où tous les patients auront les mêmes droits, les mêmes possibilités d'éteindre la lumière comme ils l'entendent et quand ils le souhaitent.

Je ne dis pas que ce qui a été fait jusqu'ici était inutile, mais, à l'ADMD, nous affirmons, collectivement, qu'il faut maintenant aller jusqu'au bout et ouvrir le droit à l'aide active à mourir pour tous. Nous ne sommes pas les seuls à le penser. Les Français le pensent à une immense majorité. Je répète les chiffres tant ils sont parlants : 90 % des Français sont favorables au recours à l'euthanasie ; 93 % des Français de plus de 65 ans et plus sont favorables au recours à l'euthanasie ; 92 % des électeurs de gauche sont favorables au recours à l'euthanasie ; 99 % des électeurs de la majorité présidentielle sont favorables au recours à l'euthanasie ; 83 % des électeurs des Républicains sont favorables au recours à l'euthanasie ; 95 % des électeurs du Rassemblement national sont favorables au recours à l'euthanasie ; 78 % des catholiques pratiquants sont favorables au recours à l'euthanasie (Ifop, juin 2023).

Parfois, même ceux qui auraient pu leur accorder ce droit et ne l'ont pas fait finissent par reconnaître qu'ils ont eu tort. François Hollande, fin décembre 2023, interviewé sur France Inter, était – enfin – arrivé à la même conclusion que nous tous : « Est-ce que les personnes concernées ont du temps ? Est-ce qu'elles peuvent attendre encore ? Moi-même j'ai fait voter une loi, la loi Claeys-Leonetti, qui est un progrès mais qui ne va pas jusqu'au suicide assisté ou à l'euthanasie, pour parler clairement. C'était déjà un progrès, et ça a permis de régler un certain nombre de situations. Mais là, ça fait déjà beaucoup d'années qu'il y a des débats, que les comités d'éthique se sont prononcés, qu'il y a des propositions. Je ne comprends pas pourquoi il faut attendre davantage. » François Hollande dit regretter de n'être pas allé jusqu'au bout lorsqu'il était en capacité de le faire. Vous, Président, vous auriez pu ne pas trahir cette promesse du candidat à l'élection présidentielle de 2012. Nous le regrettons d'autant plus que vous aviez l'Assemblée nationale et le Sénat avec vous. Et cela a donné lieu à une autre loi, celle de 2016…

Or, non seulement cette loi ne va pas au bout du cheminement amorcé, mais pire, elle nous renvoie en arrière ! La troisième loi Leonetti est sans doute la plus dogmatique des lois sur la fin de vie, en ce sens qu'elle a fermé toutes les ouvertures offertes par la loi de 2005 et qu'elle condamne les malades atteints de dégénérescence neurologique à la plus grande des souffrances. De plus, la sédation – une mort cruelle – ne peut s'appliquer que dans les tout derniers jours de la vie – la mort est attendue alors dans les toutes prochaines heures, voire les tout prochains jours, selon la Haute Autorité de Santé –, alors que le patient est déjà entré en phase agonique. Une loi d'ultime liberté, telle qu'elle est revendiquée et portée par l'ADMD, devra prendre en considération ces malades, aujourd'hui abandonnés à l'horreur de leur situation. Je peux être plus clair, et je vais l'être, même si cela implique d'entrer dans des détails sinistres. Prenons l'exemple d'un patient atteint de la maladie de Charcot. Dans le guide de procédure de la Haute Autorité de santé, la loi ne s'applique à lui que lorsqu'il commence à s'étouffer – signe que les derniers muscles ne répondent plus et que la mort est très proche. Si l'on ne fait rien, le malade va mourir, en quelques heures, dans des souffrances insupportables. Mais la loi s'applique. Alors, si le malade a demandé une aide médicale à mourir, on stoppe tous les traitements et on le plonge dans un coma artificiel. Le corps est mis au ralenti et la mort, qui devait survenir dans les heures qui suivent, s'éloigne un peu. Or, dès lors que la sédation se prolonge plusieurs jours, on sait que le patient souffre. Au final, voilà ce qu'il va se passer : le malade va mourir d'une décompensation cardiaque ou d'une insuffisance rénale sévère. Voilà comment meurt le malade sous sédation. Voilà pourquoi nous nous opposons à la loi de 2016, qui est inhumaine.

D'ailleurs, permettez-moi de noter que pas un seul pays ayant adopté l'aide médicale à mourir depuis 2016 ne s'est inspiré de notre loi ! Ni l'Australie, ni l'Autriche, ni l'Espagne, ni le Portugal. On comprend aisément pourquoi.

Alors maintenant, que faire ? D'abord et avant tout, penser au patient. Suivre le conseil du philosophe John Rawls, qui affirmait que le législateur doit prendre ses décisions sous un « voile d'ignorance », c'est-à-dire en occultant sa propre position dans la société, et prendre ses décisions comme s'il pouvait, un jour, occuper une autre position sociale. Par exemple : être malade et épuisé par sa maladie ; souffrir ; avoir peur d'une souffrance inéluctable ; savoir que notre état de santé va se dégrader jusqu'à un point que nous considérons comme insupportable, inacceptable. Comme souvent, remettre l'humain au centre de notre réflexion permet d'être juste. Denis Labayle, ancien médecin, auteur (entre autres) de *Le Médecin, la liberté et la mort. Pour le droit de choisir sa fin de vie* et président d'honneur de l'association Le Choix, Citoyens pour une mort choisie, recentrait ainsi le débat dans *Le Monde*, début septembre 2023 :

« Et si l'on demandait au malade sa définition du soin ? Car, après tout, il est le premier concerné. Sa réponse n'est pas univoque. Ce que certains considéreront comme un soin essentiel pour eux-mêmes ne le sera pas pour d'autres. Ainsi, certains définiront comme "soin" tout ce qui les maintient en vie dans les meilleures conditions, suivant en cela leur conviction philosophique ou religieuse. D'autres, à l'inverse, attendent du soin qu'il mette définitivement fin à leurs souffrances et à une maladie devenue intraitable. Ces deux conceptions du soin doivent-elles s'opposer, ou devenir complémentaire ? C'est au malade de choisir. Et, si certains médecins, au nom de leurs convictions, ont une vision restrictive du soin pour la fin de vie de leurs malades, qu'ils laissent les autres libres d'accompagner leurs malades jusqu'à la mort, car beaucoup de médecins silencieux estiment que c'est de leur responsabilité d'aider leurs concitoyens à partir en douceur, comme ils le désirent, l'objectif étant de leur épargner des souffrances inutiles. Pourquoi certains seraient-ils plus "soignants" que d'autres ? Dans de nombreux pays, la pratique des uns respecte la pratique des autres. Sans anathème. Parce que la notion de soin dépend du regard de la société sur elle-même, des influences philosophiques et religieuses du moment, du regard du médecin sur sa pratique et du pays où il exerce. Aussi, pour une fois, ne pourrait-on pas laisser au malade atteint d'une affection grave et incurable le soin de définir ce que signifie ce mot pour lui ? »

La Convention citoyenne, réunie début 2023 pour étudier le sujet – ce qu'elle a fait avec un immense sérieux et énormément d'engagement –, a rendu son rapport en avril, avec 65 propositions. La première d'entre elles, la toute première, est ainsi intitulée « Respecter le choix et la volonté du patient. » Puis : « La volonté du patient et son libre arbitre prévalent dans tous les cas. Pour cela, il convient de : pouvoir décider du lieu de sa fin de vie ; pouvoir exprimer son choix, même si celui-ci va à l'encontre de l'avis du médecin. »

Tout est dit.

Pour aider le Parlement, nous avons préparé une proposition de loi, qui, selon nous, garantirait une fin de vie apaisée à tous. En voici l'article 1 :

« Pour l'application de la présente loi, on entend par "aide active à mourir" d'une part le suicide assisté, qui est la prescription à une personne par un médecin, à la demande expresse de cette personne, d'un produit létal et l'assistance à l'administration de ce produit par un médecin ou une association agréée, et d'autre part l'euthanasie, qui est le fait par un médecin de mettre fin intentionnellement à la vie d'une personne, à la demande expresse de celle-ci. »

Toute décision doit revenir au patient, qui doit rester maître de son destin jusqu'à la fin de sa vie.

6/ L'égalité, grâce à une loi à la française ?

À l'automne 2023, nous étions très inquiets : le pouvoir semblait attiré par une loi calquée sur le modèle de l'Oregon (États-Unis). Une loi qui aurait laissé les patients seuls avec le produit létal, sans soutien ni accompagnement, avec tous les risques que cela comporte – que ce soit d'une agonie qui se prolonge pendant des heures ou des jours ou que le produit, non utilisé pour diverses raisons, disparaisse dans la nature. Finalement, l'Élysée et le ministère de la Santé ont peu à peu évolué et entendu ce qui aurait été un triste renoncement à la fraternité et à la promesse de non-abandon. À l'heure où j'écris ces lignes, rien n'est encore officiel, ni même figé, mais, enfin, les choses semblent évoluer dans le bon sens, du moins celui que nous souhaitons. Il s'agirait d'une fin de vie choisie par le patient, à qui l'on ouvrirait le droit au suicide assisté. Il faudrait que cela se fasse obligatoirement avec la présence d'un soignant, médecin ou infirmier. Ce dernier pourrait se tenir aux côtés de son patient ou dans une pièce voisine – peut-être pour préserver l'intimité des derniers instants et pouvoir intervenir en cas de problème. Si le patient n'était plus physiquement capable de pratiquer le geste lui-même, alors son médecin ou un proche pourraient l'aider, dans ce que l'on nommera une « exception d'euthanasie », par exemple en apportant un verre d'eau contenant le médicament à sa bouche pour le faire boire. Ce n'est donc pas l'Oregon – le patient sera accompagné d'un soignant, jamais laissé seul –, pas la Suisse – ce sera pris en charge par le service public et remboursé par la Sécurité sociale –, pas la Belgique – le suicide assisté sera précisé. C'est donc un modèle inédit qui, aujourd'hui, doit enfin être présenté à nos parlementaires pour qu'ils s'en saisissent.

Nous restons néanmoins inquiets et vigilants car le texte parlerait de patients condamnés à « moyen terme ». Ce serait, encore une fois, oublier les douleurs psychiques, les douleurs réfractaires, les maladies neurodégénératives sans être mortelles, comme Alzheimer, Charcot, et tant d'autres. Dans un esprit constructif, pour aider le Parlement à améliorer le texte projeté, voici l'article 2 de notre propre proposition de loi :

« Toute personne capable, selon la définition donnée par le Code civil, en phase avancée ou terminale, même en l'absence de diagnostic de décès à brève échéance, atteinte d'au moins une affection accidentelle ou pathologique avérée, grave, incurable et/ou à tendance invalidante et incurable, infligeant une souffrance physique ou psychique inapaisable qu'elle juge insupportable ou la plaçant dans un état de dépendance qu'elle estime incompatible avec sa dignité, peut demander à bénéficier, dans les conditions prévues au présent titre, d'une aide active à mourir. »

Cette proposition de loi sous le bras, nous allons continuer à batailler, pied à pied, devant l'exécutif et le législatif. Avec ténacité. Nous ne céderons pas.

Chapitre 3

Fraternité

Des récits

Après la liberté (de choix) et l'égalité (face à la mort), je vais, logiquement, évoquer maintenant la fraternité. Elle arrive en dernier, mais en réalité, elle est à l'origine de notre combat, le moteur de toute l'énergie dépensée depuis si longtemps par tant de monde. Le premier patient qui a demandé de l'aide l'a reçue au nom de la fraternité. Le premier médecin qui a aidé l'a fait par fraternité. La première famille qui a remercié le soignant a été reconnaissante pour son geste fraternel.

L'ADMD est née de cette fraternité restée trop longtemps illégale, encore punie aujourd'hui par la puissance publique. Cette longue bataille que nous menons collectivement avec tant de militants, de bénévoles, de soignants, de malades, de familles – parfois sur plusieurs générations – n'a pas un but égoïste. Si nous sommes souvent poussés par notre histoire personnelle, nous avons transformé une expérience intime en une volonté collective et universaliste, motivés par le souhait que, dorénavant, tous ceux qui en auront besoin pourront partir en paix, en souffrant moins, ou moins longtemps et le moins possible.

1/ La compassion

Je sais quelle mort je souhaite pour moi et ceux que j'aime : paisible, dans un doux sommeil, entouré par une famille aimante. Je sais aussi ce que je ne veux pas : mourir seul, à l'hôpital ou dans une institution. Malheureusement, selon toute probabilité, c'est ce qui se passera, puisque c'est ainsi que meurent près des trois quarts de la population. C'est cela, la réalité aujourd'hui en France. J'espère simplement que mon agonie ne sera pas trop longue ni trop douloureuse. Peut-être aurai-je de la chance, peut-être pas. Denis Labayle, que j'ai déjà cité, n'hésite jamais à décrire cette phase, quand la mort est inéluctable et que le corps vit ses derniers moments. Il entre dans les détails, raconte précisément ce que vivent les médecins, les infirmières, ceux qui sont, physiquement, dans la pièce avec le mourant. Il l'a fait publiquement, lors du procès du Dr Bonnemaison, en juin 2014. Ce médecin urgentiste comparaissait pour empoisonnement de sept patients en fin de vie et Denis faisait partie des rares courageux à être venus le soutenir à la barre. Ce jour-là, il n'a pas mâché ses mots : « Tant qu'on n'a pas vécu au contact des malades en train de mourir, on reste dans la théorie, dans la distance qui protège. Je vous encourage à passer ne serait-ce qu'une nuit au chevet d'un agonisant. Je serais très étonné que vous ne vous posiez pas rapidement plusieurs questions.

En l'observant, vous commencerez par vous demander : “Que signifient ces soubresauts, ces pauses respiratoires, ces rictus ? Est-ce qu'il souffre ou non ?” Puis viendra une autre question : “Combien de temps cela va-t-il durer ?” Et enfin : “À quoi cela sert-il ? N'est-ce pas absurde, inhumain, de poursuivre quand il n'y a plus aucun espoir et qu'il est possible d'agir autrement ?” Quand on est un peu humain, que l'on n'a pas d'a priori idéologique ou religieux, on découvre en soi quelque chose d'essentiel face à celui qui est en train de mourir : la “compassion”. Il paraît alors naturel de vouloir l'aider à passer ce cap difficile. La salle a été tellement secouée que le quotidien *Le Monde*, venu couvrir le procès, a reproduit *in extenso* ses propos dans ses pages le lendemain.

Voilà comment s'exprime la fraternité devant la mort : avec compassion. François Damas, médecin belge reconnu, réaffirme que la compassion du médecin est essentielle dans l'exercice de son métier, qu'elle fait partie intégrante de son rôle de soignant. Dans un ouvrage dans lequel il prend le temps, exemples à l'appui, de décrire son cheminement intellectuel vers la pratique de l'euthanasie, *La Mort choisie* (Mardaga, 2013), il cite la lettre d'une de ses patientes : « Infiniment merci d'être venu, de parler et de m'écrire avec tant d'attention et d'humanité malgré toutes vos charges et responsabilités. Je m'étais promis de me taire, mais j'ai parlé, parlé et encore parlé. Oubliant même de vous offrir à boire. C'est insensé et je ne suis pas contente de moi. Excusez-moi s'il vous plaît. Sentir qu'une main, même inconnue pour moi, me prenait la main, m'est devenu d'un infini secours et soutien. Je veux vous le dire, que vous le sachiez. » Dans son dernier mot, avant sa mort – dont elle avait choisi la date et les modalités – elle précisait : « J'ai besoin de votre main tendue puisque vous serez le maître de mon dernier pas. Étrange confiance. Je me sens très privilégiée. » Le médecin décrit, régulièrement, le soulagement des patients lorsqu'ils ont l'assurance qu'ils ne seront pas seuls : « Le message constant qu'il faut faire passer en tant que soignant est un message de non-abandon, quelle que soit la décision qu'ils prendront ou quels que soient les événements qui surviendront. » Denis Labayle, lui aussi, insiste sur l'importance de la fraternité dans les derniers instants, même pour ceux qui pourraient se passer de toute aide matérielle – parce qu'ils savent quels médicaments prendre pour en finir, et ont le pouvoir de les obtenir. Il raconte l'histoire de ce confrère et ami, chirurgien, qui avait atteint le stade IV d'un cancer inopérable et lui avait demandé de l'aider à mourir : « La médecine ne pouvant plus le guérir, il avait repris les rênes de sa destinée, il avait exercé sa liberté de citoyen jusqu'au bout. Et moi, dans cette histoire, pourquoi m'avait-il sollicité ? Il aurait pu se dispenser de ma présence et s'organiser un suicide assisté. Mais ce n'était pas son choix, il me voulait comme médecin à ses côtés, et je crois que le contrat que nous avons moralement signé l'a profondément rassuré » (*Le Médecin, la liberté et la mort*, Plon, 2022). Ce patient ne voulait pas mourir seul, il voulait tenir la main de sa femme, être entouré, accompagné. C'était son choix pour bien mourir, et Denis Labayle l'a respecté.

Soigner, c'est « entendre, parler, soulager », écrit le Dr Yves de Locht. Yves est généraliste en Belgique. Il se décrit comme un « petit docteur », qui n'abrège pas la vie de ses patients, mais leur agonie. Olivier Falorni, député de Charente-Maritime, le considère plutôt comme un « grand soignant ». Je me range du côté d'Olivier Falorni en la matière… Le Dr de Locht est devenu, avec le temps, l'un des médecins les plus sollicités par les Français souhaitant bénéficier de la loi belge. Il a raconté les histoires de certains d'entre eux dans un livre, *Docteur, rendez-moi ma liberté* (Michel Lafon, 2018). Michel, par exemple, un homme encore jeune atteint de la maladie de Charcot, vient le consulter et lui décrit ce qu'il vit, le stade atteint par la maladie : « J'ai mal partout et surtout, je me sens sale. J'ai envie de me cacher. » Yves de Locht n'a pas besoin de précisions : « Je comprends derrière ses mots que son autonomie n'est plus qu'un souvenir. Michel est revenu à un stade de nourrisson, incapable de se débrouiller seul pour les gestes du quotidien. Il en a fait sa limite. La veille de son euthanasie, je vais lui rendre visite à l'hôpital. Au milieu de sa petite chambre, au cinquième étage, Michel est allongé sur son lit. Les barreaux ont été relevés pour éviter qu'il tombe. Immédiatement, je me figure une prison. Et Michel est comme un condamné, prisonnier de son corps inerte. Malgré sa fatigue, il rassemble ses toutes dernières forces pour tenter de me parler. J'approche mon oreille de sa bouche et je l'entends chuchoter, péniblement : “Docteur, demain, vous me rendrez ma liberté.” » Yves de Locht est bouleversé par ces mots, fondamentaux pour lui. Le lendemain, il revient pour pratiquer l'euthanasie : « Je m'approche, je pose ma main sur le bras de Michel et lui murmure : “Peut-être nous retrouverons-nous un jour... Je vous souhaite un bon voyage.” J'entends, à peine audible, un “merci” s'échapper de ses lèvres, qui, doucement, se relèvent pour esquisser un sourire. Je souris à mon tour. En quelques secondes, les yeux de Michel se ferment. Il s'endort. Enfin évadé de son corps prison. »

Voilà comment la fraternité et la compassion peuvent s'exprimer chez les soignants. Aider quelqu'un à mourir n'est pas un geste anodin, cela ne l'est jamais. C'est un acte toujours grave, solennel. Yves de Locht a systématiquement besoin de temps ensuite, pour réfléchir et souffler. François Damas, lui, pleure parfois avec la famille, au chevet du patient décédé. Après avoir connu le malade, lui avoir parlé, avoir noué des liens de confiance avec lui, il partage l'émotion des proches, et porte un peu de leur deuil. Pour apaiser des souffrances insupportables chez l'un de ses frères humains, il faut du courage, beaucoup d'humanité, et un sens aigu de la fraternité.

2/ Les médecins solidaires ?

C'est pourquoi, à l'instar de François Damas, belge lui aussi, Yves de Locht est sidéré par l'attitude de certains soignants français : « Qui sont ces médecins qui osent juger la souffrance des autres ? Qui sont ces praticiens incapables de se mettre à la place de celui qui souffre ? Qui sont ces spécialistes qui ne se sont jamais posé cette simple question : “Que demanderais-je si j'étais dans ce lit ?” Et, finalement, qui sont ces médecins qui se croient tout-puissants ? »

Ces médecins, Jean Daquin les connaît. Lui-même est médecin. Il a travaillé dans le Nord-Pas-de-Calais avant l'Occitanie. Aujourd'hui retraité, il est le délégué national de l'ADMD chargé de la commission Soignants. « Tout, dans le système de santé actuel, est fait pour que les professionnels de santé qui ne souhaitent pas s'engager sur la voie de l'aide active à mourir puissent le faire, affirme-t-il, sévère. Moi, je pose la question : pourquoi ne pas avoir préféré aider, au contraire, ceux qui souhaitent s'engager dans cette voie ? Pourquoi privilégier les réfractaires aux progressistes ? Pourquoi aider ceux qui refusent et pas ceux qui osent ? » Des médecins qui osent, il en existe. Comme les signataires de la tribune publiée le 8 septembre 2023 à l'initiative du Dr Valérie Mesnage, neurologue spécialisée dans la prise en charge de la maladie de Parkinson, et cosignée par plus de 90 professionnels de santé, qui demandent un cadre législatif au nom d'une « fin de vie solidaire » :

« Nous qui soignons des personnes malades sans espoir de guérison et dont les souffrances ne peuvent être apaisées dans le cadre législatif actuel estimons qu'il est de notre responsabilité de les accompagner dans leur demande d'aide active à mourir, qu'il s'agisse d'une demande de suicide assisté ou d'euthanasie. Dès lors que la demande d'aide active à mourir nous apparaît comme étant le reflet d'une volonté libre et éclairée, nous estimons de notre responsabilité de leur garantir une assistance médicale jusqu'à l'acte final afin de leur permettre une mort digne et apaisée. Nous, professionnels de santé, estimons que l'aide active à mourir doit s'inscrire dans le champ du soin, seul garant d'un accompagnement de fin de vie solidaire destiné tant à la personne malade qu'à ses proches. »

Jean Daquin en veut à l'Ordre des médecins de se montrer si timoré : « Non seulement l'Ordre n'a jamais été à l'origine d'une seule loi sociétale, mais il s'arroge en plus la mission d'être le garant moral du médecin. Ce qui signifie donc, si l'on suit ce raisonnement, qu'un médecin n'aurait pas de principes moraux propres. Et donc que tout médecin laissé libre de faire ce qu'il veut est un assassin en puissance, un dangereux criminel qui va tuer ses patients si on ne l'encadre pas fermement ! C'est odieux, c'est absurde, c'est insupportable ! » Lui parler du serment d'Hippocrate provoque un autre agacement : « Le serment dit : “Je ne provoquerai jamais délibérément la mort et je ne prolongerai jamais l'agonie.” Eh bien, c'est exactement le contraire que nous faisons. » En effet, le législateur et le médecin estiment que dans la sédation profonde, ce n'est pas le médecin qui tue mais l'évolution « logique » de sa maladie. « Mais en réalité, le médecin endort le patient définitivement, pose une perf de médicaments antalgiques, et stoppe l'hydratation et l'alimentation. Or, en cela, il prolonge l'agonie et fait en sorte que le patient ne se réveille jamais. Exactement le contraire, donc, du serment d'Hippocrate. »

Elsa Walter, elle aussi, connaît bien le quotidien des services hospitaliers où l'on meurt dans de trop grandes souffrances et un trop grand isolement. Cette jeune femme incroyablement courageuse est bénévole d'accompagnement auprès de personnes gravement malades et en fin de vie. En quoi cela consiste-t-il ? Elle le décrit elle-même mieux que je ne pourrais le faire : « Les bénévoles d'accompagnement ont une fonction définie depuis la loi Kouchner de 1999, qui les considère comme des acteurs des soins palliatifs. En offrant une oreille attentive, bienveillante et sans jugement aux personnes gravement malades, ces anonymes permettent souvent de libérer des paroles, questionnements, doutes ou volontés les plus intimes car, à la différence des échanges avec les soignants ou les proches, il n'y a avec eux aucun enjeu médical ou émotionnel. Ils sont des visages de la société civile qui témoignent, au nom du corps social, par leur présence, leur attention et leur intérêt, de la valeur des personnes en fin de vie au sein de la communauté humaine et citoyenne. En cela ils constituent des remparts contre la mort sociale des personnes en fin de vie, et participent à redonner du sens à ce temps de vie. Ils peuvent aider les personnes qui le souhaitent à cheminer sur leur propre finitude, à verbaliser ce qu'il est parfois difficile d'exprimer à ses proches ou à ses médecins quand eux-mêmes sont pris dans la logique de surmédicalisation et de survie liée au tabou de la mort. Ce type de bénévolat exigeant un investissement personnel considérable, à la fois en termes de disponibilité hebdomadaire, de temps de formation et de suivi, d'implication sur la durée, les bénévoles sont en majorité des retraités et leur nombre décroît d'année en année – d'autant plus significativement depuis la crise sanitaire. La pénurie de bénévoles et les difficultés à en recruter de nouveaux sont une problématique centrale de l'amélioration du bien-être des personnes en fin de vie. »

Accompagner, ce mot est au cœur de la stratégie décennale préfigurée par le gouvernement qui envisage les « soins d'accompagnement » comme une démarche plus globale que les soins palliatifs, incluant également les dimensions sociales et humaines de la fin de vie. Elsa Walter, qui a travaillé en 2023 sur les mots de la fin de vie dans le cadre d'un groupe de réflexion mis en place par le ministère de la Santé, définit ainsi ce type de soins : « Chacun de nous peut être amené à accompagner une personne en fin de vie, ou à être accompagné un jour. Accompagner, c'est soutenir, aider, c'est ne pas laisser seul celui qui a besoin d'une présence à ses côtés. Accompagner quelqu'un, ce n'est pas le prendre par la main pour lui indiquer la route, ou l'orienter vers l'itinéraire qui nous semblerait être le meilleur pour lui. C'est plutôt marcher à ses côtés, en le laissant libre de choisir son chemin et le rythme de son pas. Mais accompagner quelqu'un, ce peut être aussi accepter de le laisser marcher seul, sans personne à ses côtés, lorsqu'il en exprime le souhait – quels que soient le moment et les épreuves qui l'attendent. C'est ne jamais préjuger de ce qui est bon pour lui, mais plutôt écouter ses volontés et les respecter, même si nous n'aurions pas fait les mêmes choix. » Accompagner est un acte fraternel. La fraternité, jusqu'au dernier jour.

3/ Lutter contre le mal-mourir

À ce titre d'accompagnante, donc, Elsa Walter s'est confrontée à la réalité du mal-mourir français. Elle l'a expliqué devant le Groupe d'étude fin de vie de l'Assemblée nationale, le 29 novembre 2023. « Quels enseignements de mon expérience auprès des malades graves sur la situation de la fin de vie en France ? Déjà qu'on meurt beaucoup dans des services de soins curatifs tels que l'oncologie, où la culture palliative n'existe pour ainsi dire pas, car les soignants n'y sont pas acculturés. L'objectif est toujours de guérir, car dans ces services où on meurt (80 % des décès à l'hôpital ont lieu dans des services curatifs), la mort est taboue, vécue à travers le prisme de l'échec thérapeutique. Ce qui fait qu'on arrive à des situations où on propose encore des traitements curatifs lourds comme des chimiothérapies ou des opérations chirurgicales à des personnes dont on sait qu'elles sont condamnées à relativement court terme. On continue à vouloir curer des malades dont on sait qu'ils sont incurables, mais on leur cache également des informations essentielles sur leur devenir : en écoutant les malades, mais aussi des familles et des soignants, et je constate souvent que tout le monde n'est pas au même niveau d'information sur le pronostic vital – et la plupart du temps, ce sont les malades eux-mêmes qui sont les moins informés sur leur propre situation. Aussi paradoxal que cela puisse paraître, dans ces services où l'on meurt, la mort est un non-sujet, et cette absence de verbalisation, d'ouverture à la discussion et à l'échange empêche les patients d'exprimer leurs souhaits pour leur fin de vie, ou ne serait-ce que d'y réfléchir. Les annonces de fin de vie, quand elles sont faites, sont la plupart du temps très tardives, parfois quand le patient n'est déjà plus conscient, souvent lors d'un transfert en service de soins palliatifs ou à domicile. Mais quand on parle du choix des conditions de sa fin de vie, le préalable, c'est d'être bien informé. »

Or, l'information doit aller dans les deux sens. Dans une relation médicale habituelle, le médecin fait un diagnostic et propose un traitement, que le patient accepte ou non. Dans le renversement du consentement, le malade, qui est le seul à connaître sa maladie et les répercussions qu'elle a sur son physique ou son psychisme, explique au médecin la violence de ce qui l'assaille, ce qu'il ressent, ce qu'il souhaite. « Dans un dialogue ainsi mené, sans infantilisation, sans paternalisme, si le patient demande à son médecin d'effectuer l'injection létale et que le médecin, en toute connaissance de cause, accepte la demande du patient, je suis intimement convaincu que l'on parle bien d'un soin et qu'il s'agit du dernier soin. Et dans ce renversement du consentement, le médecin retrouve toute la dignité du serment d'Hippocrate », reprend Jean Daquin. Sinon, on peut se retrouver dans le cas de Jean-Luc, 62 ans, atteint d'un cancer du côlon métastasé : « Jean-Luc n'en pouvait plus, mais par deux fois, la sédation profonde lui avait été refusée. Alors il a décidé de se suicider. » Le malade a laissé une lettre : « Je m'appelle Jean-Luc, j'ai 62 ans et j'ai décidé de ne plus supporter cette survie. J'ai mis les mains dans mes excréments plus de 3 800 fois pour changer ma stomie. Le changement de la stomie est long, douloureux… les brûlures, le sang, la peau arrachée, les fuites, les odeurs, le jour, la nuit. Toujours se lever et se battre. Stop. Ne pensez pas que je me sois suicidé, l'idée me révolte. Je me suis auto-euthanasié, j'ai mis fin à cinq ans de combat, de douleurs et de privation des joies simples de la vie car l'État français ne m'a pas accompagné par manque d'éligibilité à la mort. » Jean-Luc avait mis de côté un certain nombre de médicaments et demandé à un médecin si cela suffirait pour mourir. Le médecin a répondu par l'affirmative. Alors Jean-Luc a prévenu ses enfants et son épouse et a demandé à celle-ci, ce jour-là, de ne pas rentrer avant 18 heures À 18 heures son épouse est rentrée avec un ami médecin. Jean-Luc était inconscient mais toujours vivant. Il avait échoué. Et le calvaire a recommencé. Quand Jean raconte l'histoire de Jean-Luc, un silence plombe soudain l'ambiance de la salle.

À l'ADMD, nous savons qu'Elsa Walter et Jean Daquin ont raison. Nous le savons parce que depuis vingt ans, nous avons ouvert une ligne d'écoute pour ceux qui veulent se confier, demander des informations ou, plus souvent encore, de l'aide parce qu'ils ne sont pas entendus – ou que la demande d'un proche n'est pas entendue. Or, les témoignages recueillis vont très exactement dans le sens de ce que racontent Elsa, Jean et tous les autres : le patient, infantilisé, n'est pas toujours considéré, pas suffisamment informé, ses droits pas toujours respectés. Comme le dit très souvent Claudie, bénévole à l'ADMD : « Il y a en France des gens qui veulent absolument penser à votre place. » Claudie fait partie de l'équipe qui répond aux 3 000 appels que nous recevons chaque année sur notre ligne d'écoute. Elle le sait : les cas rapportés ne représentent qu'une infime partie des 670 000 décès annuels en France, mais ce nombre a beau être infiniment petit, il est insupportablement élevé. « Si une loi légalise enfin le droit du patient à choisir la manière dont il souhaite mourir, alors il y aura un énorme effort à fournir pour changer les habitudes et les attitudes des médecins, assure Claudie. Des témoignages de proches de patients qui ont demandé à mourir, puis à bénéficier de la sédation profonde et à qui cela a été refusé sous prétexte que ce serait une euthanasie déguisée, j'en ai entendu des dizaines. Tout le monde souffre, le patient et ceux qui l'aiment, c'est insupportable. J'en ressens parfois de l'abattement, mais souvent une grande colère. » Récemment, une femme l'a appelée. Claudie raconte : « Son père avait été admis en soins palliatifs et la famille avait été très rassurée par une affiche au mur qui disait : "Ici, le patient est au centre de notre attention." Le père, en phase terminale d'un cancer, a un jour demandé à mourir. Les soignants lui ont répondu : "On ne fait pas ça ici." Il a demandé une nouvelle fois. Puis encore. Enfin, il a réclamé la sédation profonde : « Trop tard, il ne fallait pas demander l'euthanasie avant », lui a-t-on répondu. La famille était complètement désemparée, désespérée devant la souffrance qu'endurait ce patient, inutilement prolongée parce que quelqu'un, un médecin-chef du service, avait jugé qu'il savait mieux que le patient quel était son niveau de souffrance et ce qui serait mieux pour lui. »

Elsa Walter, elle aussi, a recueilli des témoignages et des histoires, dont elle a été le témoin direct des années durant, en allant bénévolement dans un service curatif visiter des patients très malades, souvent en fin de vie. Elle en a tiré un livre (*À vous, je peux le dire. Écouter les mots de la fin*, Flammarion, 2022) dans lequel, au fil des pages et des mois, entre octobre et mai, elle dépeint une réalité froide, qu'elle contribue à réchauffer avec son humanité et sa compassion. Elle raconte l'histoire de Dominique, qui lui parle ainsi : « Le 3 janvier, se souvient-il, j'ai expliqué à un copain que j'allais partir. Ça l'a mis pas bien. Je lui ai dit : “Ne le prends pas mal, car je ne le prends pas mal.” Et puis, même les médecins ne parlent pas beaucoup de *ça*. Je vois leur réaction quand j'en parle. Ils ne sont pas tous à l'aise. La mort, c'est peut-être une angoisse créée par les vivants. Dominique semble en paix avec l'idée de mourir. C'est lui qui va disparaître, pourtant, la peur est du côté de ceux qui vont rester. Comme un sage, il observe de loin cette angoisse et relève son absurdité. Il dit “les vivants” comme s'il ne s'incluait déjà plus tout à fait dans cette catégorie. Comme s'il était déjà un peu passé ailleurs et que, de là où il se trouve, cette peur n'avait plus de sens. » Elsa Walter conclut : « Des différentes situations auxquelles j'ai pu assister, les plus tristes, angoissées, déchirées sont les fins de vie non verbalisées. Non écoutées. Le déni de la mort, sous ses multiples formes, la rend plus tragique, moins acceptable car moins acceptée. » Un peu plus loin, elle ajoute : « Si nous mourons si mal en France, ce n'est pas uniquement parce que les moyens alloués à la prise en charge de la fin de vie sont insuffisants. C'est aussi parce que nous avons collectivement accepté de soustraire les mourants à notre regard, de laisser s'installer le tabou. Nous, bénévoles d'accompagnement, participons au travail de resocialisation de la fin de vie, qui nous incombe à tous. Nous sommes des acteurs des soins palliatifs, nous sommes des acteurs du soin. Car l'écoute est un soin. »

4/ Une souffrance et un combat collectif

Parfois, les patients ont de la chance. Ils connaissent quelqu'un qui connaît quelqu'un qui peut leur procurer l'aide nécessaire pour abréger une fin de vie qu'ils ne supportent plus. Denis Labayle et Claude-Alain Planchon ont tous les deux, au cours de leur carrière, été sollicités par des patients, hospitalisés et en fin de vie qui leur demandaient d'intercéder auprès de leur équipe soignante pour abréger leurs souffrances. Tous les deux affirment avoir transmis ces demandes, discuté avec les médecins, et assurent que les refus ont été rares. Claude-Alain Planchon raconte n'en avoir essuyé qu'un seul : celui du médecin qui aurait pu aider son propre père. « Mon père était brillant, mais à la fin de sa vie, il était aphasique et vivait un calvaire. Je suis allé voir le chef du service pour lui exposer la situation et lui demander d'aider mon père. Ce médecin m'a pris de très haut – alors que j'étais cancérologue en exercice et que je savais parfaitement de quoi je parlais ! Cela ne l'a pas empêché de m'infantiliser. Doctement, il m'a fait la leçon, et expliqué que le médecin n'est pas là pour donner la mort. Pour mon père, l'enfer a duré cinq ans. Cinq ans durant lesquels ma mère s'est épuisée à l'accompagner. Je parle de manière littérale : elle est morte quelques mois après son mari, à bout de forces après ce marathon beaucoup trop long pour elle. Elle est morte de fatigue. » Claude-Alain soupire. « Vous savez, la fraternité ne doit pas s'exercer uniquement vis-à-vis du patient, mais aussi de la famille et des soignants. C'est cela, la fraternité. »

Le père de Claude-Alain Planchon n'a pas eu de chance : malgré l'aide de son fils, il n'a pas été entendu, et c'est toute la famille qui a chèrement payé ce refus médical. Cette souffrance collective, Elsa Walter l'a également documentée. Elle a compris, au fil de ses années de bénévolat, qu'elle accompagnait autant les malades que leurs proches. Dans une fin de vie difficile, douloureuse, non seulement le malade souffre, mais ceux qui l'aiment souffrent aussi de le voir souffrir. Or, l'absence de mots clairement posés sur la situation empêche le patient de réfléchir sereinement à la mort, et donc d'exprimer ce qu'il voudrait vraiment. Cela empêche aussi ses proches de faire un deuil rendu un peu moins difficile par des adieux complets, et de le savoir parti entouré, accompagné de leur amour.

Dans son livre, Elsa Walter raconte aussi la fin de la vie de Grégoire, presque quadragénaire, atteint d'un cancer du côlon découvert tardivement. Jusqu'au bout, il refuse de parler de sa mort prochaine, pourtant inéluctable. Elsa comprend qu'il se réfugie dans le déni. Sur les conseils de la psychologue du service de l'hôpital, elle ne le confronte jamais à ce sujet : il a le droit d'être dans le déni, surtout si cela l'aide à continuer à se battre. Mais la mère de Grégoire, 65 ans, en souffre et doit être aidée aussi : « Elle a des choses à lui dire, mais elle ne peut pas. Des choses qu'on ne se dit qu'une fois qu'on a verbalisé l'approche de la mort. Elle se sent empêchée de lui faire ses adieux. Je repense aux mots d'Érik Orsenna qui, lui aussi, a vécu la souffrance du déni d'un proche en fin de vie : "Je n'allais pas à l'encontre de son mensonge, c'était terrible. Cela nous a volé la fin." » La mère de Grégoire est aussi révoltée contre l'attitude de la docteure qui cache à son fils ses derniers résultats d'analyses, tout en révélant la gravité de la situation aux parents. Lui ne sait pas que son cancer a atteint le foie. Elle, oui. Et elle sait que, lorsque le foie est touché, il n'y a plus rien à faire. Déjà effrayée par la brutale dégradation du corps de son fils, elle appréhende la suite, l'organisation des funérailles sur lesquelles elle ne peut recueillir ses volontés. Elsa Walter a également accompagné le père de Grégoire dans les tout derniers moments, lorsque Grégoire n'était plus conscient. Le père lui avait alors demandé : « "Vous pensez que Grégoire entend encore, qu'il comprend ce qu'on lui dit ?" Je serais bien incapable de lui apporter une réponse médicale ou biologique. Alors, je laisse parler mon intuition : "Je crois que oui." Il reste quelques instants silencieux, ses yeux fixent le carrelage gris. "Comment ça va se passer… la fin ? Et si ça se passe dans la nuit et qu'il est seul ?" Je ne suis vraiment pas la mieux placée pour lui répondre. Je lui suggère de poser la question à l'infirmière. Je lui explique aussi que, de ce que j'ai pu observer dans le service, les soignants appellent immédiatement les familles dès qu'ils décèlent des signes de fin de vie imminente. Il arrive parfois qu'il n'y en ait pas, mais c'est rare. "Ne vous inquiétez pas, lui dis-je, vous pourrez certainement être là le moment venu." »

La fraternité s'exprime de mille manières différentes. En écoutant, comme Elsa Walter. En respectant la volonté du patient et en l'accompagnant vers la mort, comme les soignants belges et certains soignants français. La fraternité, c'est aussi, parfois, de soutenir un proche, même si on n'est pas d'accord avec sa décision, même si on n'a pas envie. Parce que sans cela, sa vie ne serait qu'effroi et angoisse.

Depuis plusieurs années, à l'ADMD, nous connaissions Katherine Icardi-Lazareff, petite-fille de Pierre Lazareff, le fondateur de *France-Soir*. Femme libre, très active et indépendante, elle a dirigé plusieurs entreprises au Pays basque, où elle a élevé ses trois enfants. C'est une femme énergique, drôle, d'une intelligence remarquable et d'une grande beauté, qui se voyait centenaire. Mais on lui a diagnostiqué la maladie de Charcot, en septembre 2021, à la suite d'une série de chutes inexplicables. « Cela a été une grande surprise : maman ne boit pas, ne fume pas, faisait du sport… » raconte son fils, Mehdi. Au bout de quelques mois, Katherine a annoncé sa maladie à ses enfants. Puis elle est partie en Belgique avec sa meilleure amie entamer les démarches en vue d'une euthanasie. « Au début, j'étais contre, se souvient Mehdi, je considérais qu'elle abandonnait le combat. J'étais même en colère contre elle ! Je cherchais des solutions pour la guérir, pour trouver un traitement, des docteurs. Et puis… j'ai compris que l'on ne peut pas imposer à quelqu'un une vie dont il ne veut pas. On n'a pas le droit de porter un jugement sans savoir ce qu'il traverse. Alors j'ai accepté son choix, et depuis, je l'accompagne dans son combat. » Il y a de l'amour, beaucoup d'amour de part et d'autre. Avec sa sœur aînée et son petit frère, Mehdi a démarré une longue course. « Au début, il s'est agi de trouver un fauteuil roulant, puis un fauteuil roulant incliné, puis comment s'adapter quand elle n'a plus pu bouger du tout, ni manger, ni parler… » Mehdi n'est jamais défaitiste, jamais dans la plainte : « Nous n'avons pas été élevés comme ça. » Il raconte au contraire que dans ce combat collectif, chacun a sa place. L'attitude de Katherine, combative, en paix avec elle-même et heureuse de profiter de ses enfants tant qu'elle le peut, sans angoisse inutile puisqu'elle sait pouvoir leur faire confiance et ne pas leur imposer une agonie douloureuse qu'elle ne veut pas pour elle-même, joue un rôle déterminant : « Elle nous soulage beaucoup par son humour, ses sourires.

Elle n'a rien perdu de sa dignité. » Ses enfants ont instauré un roulement pour être en permanence à ses côtés, en particulier la nuit : « Il faut être attentif au masque à oxygène qui bouge, aux petites souffrances liées à l'immobilité, aux douleurs… Et surtout, il faut lui montrer que nous nous rendons disponibles avec plaisir, que ce n'est pas un poids, pas une charge. Même si la logistique est compliquée, nous sommes heureux de faire cela pour elle. Vraiment heureux. Mais est-ce que j'avais envie de voir ma mère finir ses jours ainsi ? Non. Est-ce que je lui en voudrais de partir en Belgique pour ne plus vivre cette vie-là ? Non. Définitivement non. Je la soutiens et suis heureux d'être avec elle le temps qu'il nous reste. » Katherine avait indiqué à ses enfants le moment précis où elle voulait partir : quand elle ne pourrait plus parler et manger seule. C'est arrivé juste avant les fêtes de fin d'année 2023. « Elle n'a pas voulu le faire pendant les fêtes, pour ne pas associer cette période, à l'avenir, à sa perte », raconte Mehdi. Il y a tellement d'amour dans cette famille-là, tellement d'attention portée au bien-être de l'autre, de respect mutuel. De fraternité. Katherine est décédée mi-janvier 2024. Elle a été l'une de mes plus belles rencontres dans ce combat.

Jean Daquin m'a, un soir, envoyé cette citation tirée de *Terre des hommes*, d'Antoine de Saint-Exupéry : « Nous nous étions enfin rencontrés. On chemine longtemps côte à côte, enfermé dans son propre silence, ou bien l'on échange des mots qui ne transportent rien. Mais voici l'heure du danger. Alors on s'épaule l'un à l'autre.

On découvre que l'on appartient à la même communauté. On s'élargit par la découverte d'autres consciences. On se regarde avec un grand sourire. On est semblable à ce prisonnier délivré qui s'émerveille de l'immensité de la mer. » Tout est dit.

Chapitre 4

Laïcité

En toute logique, j'aurais dû m'arrêter. Liberté, égalité, fraternité, la devise est complète et le livre terminé. Mais, étrangement, la volonté de liberté, l'exigence d'égalité, le besoin de fraternité ne suffisent pas au législateur français. Cela ne fait pas quelques jours, ni quelques mois que les citoyens français sont majoritairement pour la légalisation de l'aide active à mourir : cela fait des décennies ! Mais le législateur hésite. Tergiverse. Recule. Regarde ailleurs, fuit, esquive. En réalité, son bras est engourdi par une force considérable, une force qui n'a rien à faire dans les bureaux des députés, les arcanes du Sénat, sous les ors de l'Élysée. Cette force qui ne devrait plus agir sur le pouvoir exécutif et législatif et ne devrait même plus chercher à l'influencer. Elle devrait même avoir perdu l'habitude de guider son pas. Nommons cette force, pointons-la du doigt : l'Église catholique (et toutes les autres religions monothéistes avec elle) s'oppose aux citoyens en matière de fin de vie et le fait savoir au pouvoir de toutes les manières possibles.

1/ Une République pas si laïque ?

Faut-il le rappeler, la République est laïque. Cela fait plus de cent ans, presque cent vingt, que l'État a pris son indépendance et est séparé de l'Église (décembre 1905). Le processus a même été plus loin : à partir de 1946, la laïcité est devenue un principe constitutionnel venant qualifier la nature de la République française : « La France est une république indivisible, laïque, démocratique et sociale » (Constitution de 1958, article 1er). À partir de là, « la délibération collective citoyenne et politique ne se fait plus en fonction de considérations religieuses, et le droit entre dans un processus de laïcisation qui irrigue nos droits et libertés encore aujourd'hui, souligne Pierre Juston, administrateur chargé des questions de laïcité et délégué de l'ADMD pour la Haute-Garonne et le Gers, mais aussi doctorant en droit public. C'est notamment grâce à cette conception républicaine universaliste que de nombreuses avancées concrètes ont pu s'accomplir et, sans en retirer à quiconque, a permis l'ouverture de nouveaux droits. De la légalisation de la contraception à l'égalité universelle dans l'accès au mariage pour tous les couples, de nombreux exemples s'inscrivent dans le sillon d'une pensée laïque et universaliste qui permet aux dogmes religieux et spirituels d'exister et de s'exprimer librement – mais qui leur retire leur capacité à décider pour tous ».

Et pourtant, en matière de droit de mourir dans la dignité, les « dogmes religieux et spirituels », comme le dit Pierre Juston, Église catholique en tête, n'ont pas du tout renoncé à décider pour tous – et donc à refuser à ses fidèles en particulier, et aux citoyens en général, le choix de faire appel ou non à une aide active à mourir à la fin de leur vie.

Légaliser l'euthanasie et le suicide assisté, c'est donc aussi reconnaître, fermement, fièrement, le caractère laïque de la France. C'est se battre contre le séparatisme religieux, contre une ingérence religieuse inacceptable pour le consensus républicain. Précisons-le d'emblée : la laïcité, ce n'est pas interdire les religions, ni interdire de croire. La laïcité, ce n'est pas rendre la foi illégale, c'est instituer l'égalité de tous devant la loi, sans distinction de religion ou de conviction. Et la loi sur la fin de vie ne s'appliquera naturellement qu'à ceux qui le veulent, et en aucun cas à ceux qui refusent d'abréger leur vie, même si celle-ci était rendue insupportablement douloureuse par une maladie ou un handicap. La loi n'obligera personne à mourir ! Comme le rappelle le Dr Denis Labayle : « J'ai choisi ce métier pour soulager la souffrance des êtres humains, en aucun cas pour l'aggraver. Ce devrait être la charte numéro 1 de ceux qui s'engagent dans ce métier : d'abord ne pas nuire. Or, je ne sais par quel raisonnement masochiste certaines religions se soumettent aux diktats de la souffrance, soit par fatalisme – "C'est la volonté de Dieu" –, soit par esprit de repentance, la souffrance permettant d'effacer les fautes passées, soit même par sublimation de la souffrance comme moyen d'élévation de l'être humain, jusqu'au martyre. On ne peut empêcher l'homme d'échafauder des théories qui le rassurent et tentent de donner un sens au mystère. Mais, dans le cadre d'une République laïque, il n'y a aucune raison qu'une religion – quelle qu'elle soit – impose aux autres sa vision de l'humanité. L'intime doit rester l'intime, le privé doit rester le privé, et la diversité d'opinions doit être respectée. Si les adorateurs de Dieu ou de la nature souhaitent mourir au rythme de celle-ci, que leur souhait soit exaucé, mais qu'ils respectent le désir des autres de choisir un autre chemin. »

Notre État laïque devrait donc décider de la légalisation, ou non, de l'aide active à mourir en se basant uniquement sur la volonté républicaine et citoyenne, résumée par notre devise : Liberté, Égalité, Fraternité. Or, ce n'est pas le cas, et cela oblige toutes les forces laïques du pays à s'unir pour rappeler le pouvoir à ses devoirs. En décembre 2022, à l'occasion du 117e anniversaire de la loi de 1905, le magazine *L'Express* publiait une tribune à l'initiative de notre administrateur, Pierre Juston, – qui en était le premier signataire – signée par Elisabeth Badinter, Caroline Fourest, Gilbert Abergel (le président du Comité Laïcité République), Françoise Sturbau (présidente de la Ligue de l'enseignement), Jean-Marc Schiappa (historien et président de l'Institut de recherches et d'études de la libre pensée, Irelp), ainsi que plusieurs obédiences maçonniques libérales et l'ADMD, naturellement, sous les noms de Jean-Luc Romero-Michel et moi-même. Les militants de la laïcité ne sont pas toujours d'accord sur tout, loin de là. Cette fois, pourtant, sur ce sujet précis de la fin de vie, toutes les sensibilités ont su s'accorder sur un texte qui estime le combat pour le droit de mourir dans la dignité « humaniste, laïque et juste ». En voici un extrait :

« Nous nous engageons pour le droit de mourir dans la dignité car il est un combat laïque. Combat laïque d'abord, car il s'agit de permettre à chacun, en fin de vie et en grande souffrance, de faire un choix qui suppose une conscience libre et éclairée. La question ne devient intime que lorsque ce choix est possible et qu'il est encadré par la loi. Elle est donc d'abord une question publique avant de devenir une question personnelle. Même dans la mort, aucun objecteur de conscience, quelle que soit la nature de son refus, n'a légitimité pour assujettir l'ensemble des consciences à un dogme qu'il jugerait vrai, indérogeable et inviolable. »

Malgré tous nos efforts, les différentes religions monothéistes jugent encore qu'il est légitime de s'opposer à une loi républicaine au nom de la sacralité de la vie, et que l'ensemble d'un peuple doit être soumis à des interdits religieux. Pour preuve, ce colloque consacré à la question de la fin de vie et intitulé « Un chemin d'humanité » organisé à Strasbourg par la région Grand-Est, fin 2023. Plusieurs dignitaires religieux y avaient été invités pour prendre la parole ; j'étais seul face à eux. Mgr Ballot, évêque de Metz, y a récité le catéchisme de l'Église catholique à la lettre : « La vie est un don avant d'être quelque chose que j'acquiers, a-t-il expliqué, avant de rappeler que la fragilité est constitutive de l'être humain. Le plus fragile fait partie de la société. Ralentir la souffrance, traiter la douleur des plus fragiles, c'est différent que de leur dire : “Ta vie ne vaut pas la peine d'être vécue, tu n'as pas ta place dans la société." Je veux une société où les plus fragiles ont toute leur place. » Le Dr Élie Botbol, talmudiste, essayiste, a ensuite abondé dans son sens, plus clairement encore : « [pour la religion juive], l'insuffisance des soins palliatifs est la priorité à combler. Si des gens demandent à mourir, c'est d'abord parce qu'en tant que médecins, nous ne savons pas les accompagner correctement. Il y a insuffisance médicale, psychologique, spirituelle. Interrogeons-nous sur notre capacité à faire en sorte que la fin de vie soit meilleure. Souffrance égale mort ? Non, souffrance égale responsabilité. Dans la tradition juive, on n'arrête jamais les soins courants : ce serait une euthanasie passive. Et l'euthanasie active, pour le judaïsme, est un meurtre ». Jean-Gustave Heinz, président de la Commission éthique et société de la Fédération protestante de France, a pris la parole ensuite, avec un peu plus de souplesse. « Au sein de la famille protestante, a-t-il affirmé, les avis restent pluriels : pour les uns, l'euthanasie relève de la liberté de la personne qui fait son choix hors de toute influence. La société se doit d'être à l'écoute de chacun permettant à chacun d'envisager la mort de la manière la plus humaine possible. Pour d'autres, l'assistance implique la transgression de l'interdit biblique et social structurant "tu ne tueras point" et viendrait en contradiction avec le droit de toute personne à la vie. »

La réponse des croyants à ces discours est apportée par l'institut de sondage Ifop, fin juin 2023 : 78 % des catholiques pratiquants et 95 % des catholiques non pratiquants sont favorables à l'euthanasie. Quant aux autres religions (indifférenciées par l'Ifop) : 69 % approuvent. Pour le suicide assisté, c'est moins flagrant, mais toujours très largement majoritaire : 73 % des catholiques pratiquants sont pour, 90 % des non-pratiquants, et 61 % des fidèles d'autres religions.

Les croyants ont donc, bien mieux que les politiques, bien mieux que les dignitaires religieux, compris et assimilé le principe de la laïcité. Ils font la part des choses entre leur foi et leurs droits : personne ne sait, et d'ailleurs, personne ne leur a demandé, ce qu'ils envisageaient pour eux-mêmes dans le cas où ils seraient atteints d'une maladie incurable, avec des souffrances physiques et psychiques insupportables. Personne ne l'a fait, parce que la question serait absurde : peut-être, à la dernière minute, leur foi les arrêtera dans leur tentation d'abréger leur vie. Peut-être, malgré leur foi, demanderont-ils à mourir. Nul ne peut prévoir ce qu'il se passera en leur âme et conscience à ce moment-là, et personne ne devrait chercher à les influencer dans leur réflexion, ni dans leur choix. S'ils ne peuvent prédire leur propre avenir, les Français sont, cependant, sûrs et certains d'une chose : ils veulent avoir le choix pour eux, pour leurs proches, et pour les autres. En cela ils sont fraternels, libres et égalitaires. Ils ne veulent pas que les religions fassent la loi – et je parle au niveau littéral. Mais nous le voyons bien, les religions, elles, ne désarment pas. Elles cherchent encore et toujours, par tous les moyens possibles, à tous les niveaux possibles, à retenir l'évolution souhaitée par le plus grand nombre.

La légalisation de l'aide médicale à mourir est donc un enjeu de laïcité – et c'est d'ailleurs pour cela que nous avons introduit la laïcité dans notre objet social lors d'une assemblée générale extraordinaire, le 12 septembre 2015. Notre ami de toujours, Patrick Kessel, militant de l'ADMD et ancien Grand Maître du Grand Orient de France, est le président d'honneur du Comité Laïcité République, dont il est à l'initiative. Il a également été membre de différents cabinets ministériels et a donc été en position d'observateur privilégié des arcanes du pouvoir. À ce titre, il a été un témoin précieux de l'influence des dignitaires religieux sur les politiques, en particulier sur la question de la mort. Il a documenté et décrit les raisons de la frilosité de l'État sur le sujet, apportant la preuve que, dans le fond, le pouvoir laisserait volontiers le domaine de la mort aux religions, en se réservant la gestion de la vie. Il n'a eu de cesse de le répéter, comme dans *Marianne toujours !* (L'Harmattan, 2021) : « Notre société, la première à disposer d'autant d'outils pour appréhender la mort, continue à la nier en la rejetant à la marge, le plus loin possible. Dans le non-dit. Dans le déni. Invisible ou presque. Cachez-moi ce spectre que je ne saurais voir ! Ce n'est pourtant pas la mort qui inquiète, celle qui surgit, inattendue, brusquement, sans détour, ou qui arrive lentement, paisiblement, tel un train qui lentement entre en gare terminus à l'issue d'un long parcours. Ce qui angoisse, c'est le mourir, la souffrance, la dépendance, la décomposition anticipée du corps, l'anéantissement de la pensée, de la dignité. Il n'est que temps de donner à ceux qui le souhaitent la liberté de choisir de tourner sereinement la dernière page de leur livre, de s'endormir paisiblement sachant que d'autres poursuivront l'œuvre. Mais la classe politique n'ose pas s'opposer frontalement aux puissances religieuses pour qui la peur de la mort demeure en quelque sorte le fonds de commerce.

Au fil du temps ses pionniers des libertés, à la suite longs combats, ont conquis la liberté de conscience, la laïcité, le divorce, l'égalité entre hommes et femmes, le droit à l'IVG, le mariage pour tous, la procréation médicalement assistée. Les élus envisagent même, non sans légitime débat, la gestation pour autrui. Mais le droit de mourir dans la dignité se voit systématiquement opposer un mur d'airain. La mort demeure un tabou, même si les sondages montrent que près de 90 % de la population se prononce en faveur d'un tel droit. Ce n'est pas faute d'avoir milité en ce sens avec Henri Caillavet, président emblématique de l'ADMD, puis avec Jean-Luc Romero-Michel, son successeur, et avec le Comité Laïcité République. Mitterrand n'a pas voulu affronter les Églises. Chirac non plus. Avec Hollande, nous nous sommes remis à espérer. La gauche, héritière des grands combats pour l'extension de la liberté de conscience, allait déposer un projet de loi en ce sens, comme elle l'avait osé lorsque Robert Badinter fit voter l'abolition de la peine de mort. Il n'en fut rien. »

2/ Les politiques en question

Pourtant, Manuel Valls, alors Premier ministre, était prêt à défendre la laïcité. Il l'avait fait dans un discours enflammé en octobre 2015, quelques semaines avant les atroces attentats du 13 novembre : « On connaît les slogans : laïcité positive, laïcité ouverte comme si la laïcité avait besoin d'être qualifiée. Qualifier la laïcité, c'est la circonscrire, c'est en circonscrire le périmètre, en affaiblir la portée. C'est donc vouloir l'ébrécher, la faire vaciller... Dans ce moment où les repères se brouillent, nous avons besoin de clarté et donc nous avons besoin de laïcité. Car pas d'apaisement, pas de progrès sans laïcité. Laïcité maintenant, laïcité encore et laïcité toujours. » Patrick Kessel était là, ce jour-là, dans la salle, face à un Manuel Valls exalté. Son enthousiasme du moment fut douché par l'inaction présidentielle ensuite : « Il est des jours exceptionnels où la politique fait sens et l'on peut être fier de ce que l'on a entrepris. Le quinquennat de François Hollande n'aura pas permis de faire avancer la laïcité comme il s'y était engagé. Les vents contraires soufflaient trop fort. Reprenant à son compte la formule de François Mitterrand selon laquelle on ne sort de l'ambiguïté qu'à ses dépens, le président laisse filer. La prudence politique qui constitue une seconde nature chez lui, apprise à l'école de François Mitterrand, n'aura pas permis sa réélection. Il aura tenu bon sur le mariage pour tous en 2012 face à l'union sacrée des Églises et des conservatismes, mais n'aura su faire oublier les promesses sacrifiées et les compromissions coupables avec le communautarisme. Rien sur la loi Carle qui a favorisé les financements publics aux écoles privées. Rien sur le droit de mourir dans la dignité, inscrit dans son programme et dont 90 % des citoyens soutiennent le principe. Et du strict point de vue de la laïcité, le quinquennat demeurera celui des occasions ratées. »

Après un François Hollande décevant, les laïcs ont accueilli l'arrivée d'Emmanuel Macron avec un optimisme… mesuré. Certes, ce président jeune, débordant d'énergie, audacieux, courageux même, avait assuré pendant sa première campagne, en 2017, de son « envie de choisir sa propre fin de vie », mais il n'avait fait, à cette époque, aucune promesse. Ni sur la fin de vie, ni sur la laïcité. Installé au pouvoir, il n'a pas pu « oublier » la question de la mort : celle-ci s'est propulsée à l'extrême centre de la vie publique, en 2020, au moment de la pandémie de Covid-19, et s'y est maintenue pendant des mois. Chaque jour, vague après vague, variant après variant, les journaux télévisés égrenaient le nombre de malades et tenaient le compte des décès. Finalement, la pandémie a causé 167 985 décès en France (selon les chiffres d'août 2023). Impossible d'ignorer la mort pendant ces années-là.

Le président de la République actuel n'est pas au clair avec la laïcité. De manière absurde, incompréhensible, il a cherché dans ce domaine aussi à trouver un « en même temps » qui permettrait à l'État d'être allié à l'Église tout en étant autonome. Il a tenté ce grand écart intellectuel à plusieurs reprises et n'est parvenu qu'à une seule chose : décrédibiliser le pouvoir sur le sujet et rendre fous de rage les défenseurs de la laïcité. Dès son arrivée à l'Élysée, Emmanuel Macron a tendu la main à l'Église. En 2018, devant la Conférence des évêques de France, il lance un premier appel : « Nous partageons confusément le sentiment que le lien entre l'Église et l'État s'est abîmé, et qu'il vous importe à vous comme à moi de le réparer », a-t-il déclaré ce soir-là à son hôte, Mgr Georges Pontier, archevêque de Marseille et président de la CEF, devant 400 invités. Ensuite, cela n'a fait qu'empirer. Alors que pendant sa campagne présidentielle, en 2016-2107, il maintenait fermement son souhait de choisir sa fin de vie, en 2022, il n'en était plus aussi sûr. Reçu en audience par le pape en octobre, il s'est confié lors du vol retour à une poignée de journalistes du *Point*, du *Figaro* et de *La Vie* : « Sur le sujet de la fin de vie, j'en ai parlé au pape, en lui disant que je n'aimais pas le mot d'euthanasie. La mort, c'est un moment de vie, ce n'est pas un acte technique. Je ne veux pas préempter le débat, parfois simplifié. On l'a vu dans la campagne présidentielle, y compris dans notre propre majorité. Ma mort m'appartient-elle ? C'est une question intimidante, je ne suis pas sûr d'avoir la réponse. » Étrangement, il semble vouloir rassurer le pape, en assurant que ce dernier « sait que je ne ferais pas n'importe quoi ». En quoi l'euthanasie encadrée par la loi, dans le respect de la liberté du patient et à la demande de celui-ci, peut-elle être qualifiée de « n'importe quoi » ? Quelques jours plus tôt, devant des élus de Cambrai (Nord) venus au Vatican, le pape François, qui ne manque pas une occasion de faire pression sur le législateur, avait rappelé son espoir de voir un débat, en France, qui « puisse se faire, en vérité, pour accompagner la vie jusqu'à sa fin naturelle », rapporte le site Vatican News. Voilà comment, à tous les niveaux, et à toutes les occasions possibles, l'Église retient le politique en exercice…

En septembre 2023, rebelote : Emmanuel Macron se rend, en tant que président de la République, à la messe célébrée par le pape François au stade Vélodrome, à Marseille. Il aurait pu y assister en tant que simple fidèle, mais non, c'est bien le Président qui est venu. Le projet de loi sur la fin de vie aurait dû être présenté au Conseil des ministres quelques semaines avant, mais avait été repoussé fort opportunément pour ne pas gâcher la fête. Le pape et le Président se sont rencontrés au palais du Pharo, avant la messe. Ils n'auraient semble-t-il pas abordé la question de la fin de vie, mais, dans l'avion qui le ramenait au Vatican, le pape François a remis le sujet sur le tapis en déclarant : « Avec la vie, on ne joue pas, ni au début ni à la fin. » L'Église, comme toutes les religions, défend ardemment les soins palliatifs pour limiter les souffrances des patients, mais refuse que l'on provoque activement la mort. Dans cette logique, elle s'oppose à l'acharnement thérapeutique si la mort est inéluctable, mais celle-ci doit être naturelle, jamais provoquée. Le patient n'a pas son mot à dire, le médecin non plus. « Il ne s'agit pas d'une affaire de foi, mais le fruit d'un raisonnement humain. Aujourd'hui, soyons attentifs aux colonisations idéologiques qui vont à l'encontre de la vie humaine. Si on laisse faire, cela pourrait se finir par une politique de non-douleur. » Une politique qu'il a qualifiée ce jour-là d'« euthanasie humaniste ».

3/ Pour une « euthanasie humaniste »

Cette idée ne signifierait-elle pas – pardon d'être sophiste – que le contraire est également vrai, à savoir des morts naturelles inhumaines ? Pierre Juston et Marc Cottereau, en février 2022, avaient publié dans *La Croix* un plaidoyer dans lequel ils citaient un philosophe américain du droit trop peu connu en France : « Comme le soulignait déjà Ronald Dworkin, il y a bientôt vingt ans maintenant, “faire mourir quelqu'un d'une manière que d'autres approuvent, mais que lui-même estime être en contradiction épouvantable avec sa vie, est une forme dévastatrice et odieuse de tyrannie”. » Et les deux juristes signataires de la tribune d'enfoncer le clou : « En pénalisant toute aide active à mourir, le système juridique français fait donc indirectement une différence entre les croyances bonnes et celles qu'il faut refuser et s'octroie par la même occasion une décision qui relève de considérations philosophiques, spirituelles et religieuses propres à chacun. »

Pour Jean-Sébastien Pierre, président de la Fédération nationale de la libre pensée, la situation est scandaleuse. Emmanuel Macron va beaucoup trop loin dans son envie de « recoudre le lien » entre l'Église et l'État. À Valence, à la 43e assemblée générale de l'ADMD, en octobre 2023 (quelques jours après la visite papale à Marseille), il a fait part à l'auditoire de son indignation : « Depuis 1905, l'État est laïque, et la République devrait être imperméable à tout principe divin ou à quoi que ce soit d'autre que le consensus social. Or, les religions n'ont pas désarmé. L'Église en particulier. Quand le pape dit qu'on ne joue pas avec la vie, "ni au début, ni à la fin", cela veut dire que l'Église n'a renoncé à rien, strictement à rien, même sur les lois déjà votées depuis longtemps comme la légalisation de l'avortement. Elle n'a renoncé à rien, à rien ! Et pourquoi le choix de ce verbe, "jouer" ? Nous jouerions avec la vie ? Nous sommes de petits enfants ? Et l'Église, elle, ne chercherait-elle pas à monopoliser la mort ? » Jean-Sébastien Pierre a continué ainsi : « Les autres religions refusent tout autant une évolution de la loi sur la fin de vie. Le débat est clos : c'est non, catégoriquement non. Ce sera donc faire œuvre laïque que de voter cette loi, et ce sera une guerre contre le dogme. Faisons place à la raison contre le dogme et assumons la séparation de l'Église et de l'État ! » La salle l'a chaleureusement applaudi. Moi aussi.

Quelques mois auparavant, en juin 2023, aux Assises nationales de la fin de vie, à la Sorbonne, une table ronde avait été organisée sur la laïcité. Jean-Sébastien Pierre avait déjà rappelé : « Chaque individu reste libre de pratiquer sa religion comme il l'entend. Mais au-delà de la religion, "la liberté de conscience doit primer". » Il s'agit aujourd'hui de « refuser toute obligation religieuse sur le corps social. Le dogme catholique ou le commandement religieux ne peuvent intervenir sur la question de la fin de vie. L'essentiel de l'opposition à l'aide active à mourir provient en effet de cette obstination anachronique et totalitaire de l'Église catholique, dans l'expression de sa condamnation millénaire avec le suicide. Mais à qui nuit la volonté qu'un individu a de mettre fin à ses jours ? En quoi est-ce nuisible pour la société ? ». Ce principe de laïcité doit permettre à chacun d'engager sa propre réflexion sur la fin de vie, de manière libre et éclairée. Les enquêtes d'opinion montrent d'ailleurs que même les personnes croyantes acceptent majoritairement le principe d'une aide active à mourir. Précisément, dans le sondage Ifop « Le regard des Français sur la fin de vie », publié en octobre 2022, 76 % des catholiques (61 % des catholiques pratiquants et 78 % des catholiques non pratiquants) « encouragent un changement de la loi avec la légalisation de l'euthanasie ou du suicide médicalement assisté ». Frédérique Plaisant, présidente de la Fédération française de crémation, à ses côtés sur scène, l'avait soutenu : « Des oppositions religieuses, il en existe toujours. La preuve avec l'ouverture de la pratique de la crémation, depuis que la loi du 15 novembre 1887 donne le droit à toute personne mineure ou majeure de déterminer librement les conditions de ses funérailles et le mode de sépulture. Et que cela se pratique aujourd'hui pour donner le choix. Sur le sujet de l'aide active à mourir, la liberté individuelle doit primer également. Et la mort doit se préparer avec amour, douceur et humanité. » Notre administrateur chargé de la laïcité, Pierre Juston, insistait d'ailleurs sur ces oppositions et proposait dans le journal *Le Droit de Vivre* de la Licra une analyse qui me paraît pertinente quant à leur opposition de principe : « Il m'apparaît pour le moins paradoxal que les principales organisations religieuses portent dans leur ensemble un message aussi ferme et arrêté sur la question (bien évidemment légitime et respectable dans le cadre démocratique), alors que tout cheminement philosophique et spirituel me semble devoir exiger une réflexion essentielle sur l'existence et sa fin. En réalité, si les interprètes autorisés des trois monothéismes sont rétifs à toute possibilité pour le sujet de choisir pour lui-même lorsqu'il est en fin de vie, c'est sans doute parce qu'il ne reste finalement dans notre pays, que cette étape finale de la vie que la société civile ne s'est pas véritablement appropriée. »

4/ Citoyens *vs* religions : un combat sans fin ?

Malgré la crainte de l'État, malgré sa trop grande porosité aux discours que les religions chuchotent à l'oreille des puissants, tout n'est pas perdu. En fait, je dirais même : un jour, c'est nous, citoyens, qui allons gagner. Notre volonté collective finira par faire plier le dogme. Et je ne suis pas le seul à le savoir ! Olivier Van-Gehn, président de la communauté bouddhiste d'Alsace, l'a reconnu fin octobre 2023, lors du colloque de Strasbourg : « Je ne suis pas sûr que les religions, dans les sociétés comme les nôtres, sont encore là pour faire une sorte de barrage aux évolutions qui sont comme une forme de raz-de-marée. Vous aurez beau dire : “Vous ne passerez pas !”, vous serez embarqué avec. Notre pratique religieuse doit accompagner ces évolutions sociétales, en faisant en sorte qu'elle soit le mieux comprises possible. Ayons un rôle d'accompagnant bienveillant plutôt que d'être une forme de mauvaise conscience. » C'est exactement ce que pensent de plus en plus de dignitaires de l'Église catholique au Vatican, et ce qui guide désormais leur réflexion. Attention, ils ne changent pas d'avis, oh non ! Comme dirait Jean-Sébastien Pierre, l'Église n'a renoncé à rien, strictement à rien. Mais un changement de stratégie opère, très discrètement. Il ne s'agit pas de faire évoluer, sur le fond, le jugement moral sur la vie « au début et à la fin », mais de sortir d'une posture devenue inaudible, donc inutile. Pour nombre de religieux, il ne sert plus à rien de hurler à la sacralité de la vie humaine, si les fidèles n'écoutent plus – et finissent même par se détourner de leurs guides spirituels, jugés en trop grande contradiction avec l'aspiration générale à plus d'humanité pour ceux qui souffrent.

La stratégie d'opposition morale de l'Église ne fonctionne plus : en Espagne, pays catholique, l'euthanasie et le suicide assisté ont été légalisés en mars 2021. En Autriche, le suicide assisté est légalisé depuis le 1er janvier 2022. Au Portugal, l'euthanasie a été dépénalisée en mai 2023. En visite à Rome, fin septembre 2022, le président de la Conférence des évêques de France, Mgr Éric de Moulins-Beaufort, a reconnu lors d'une soirée organisée par l'ambassade de France la difficulté présente : « Depuis des années, notre parole publique s'est laissé enfermer dans une parole morale. Et nous sommes chargés de dire à la société ce qui n'est pas bien », avait déploré l'archevêque de Reims selon le journal *La Croix*. Avant de poursuivre :

« On attend notre parole moralisatrice. À chaque fois qu'il y a une loi de bioéthique, on va nous demander notre avis. On nous écoute très gentiment [...]. Et tout le monde sait très bien ce que nous allons dire – nous les premiers –, et on sait très bien qu'il n'en sera pas fait grand usage. On nous a cornérisés. » Contrainte par ses fidèles qui ont une approche radicalement différente de sa doctrine, l'Église a commencé à prêcher sa préférence pour le « moindre mal » – le suicide assisté plutôt que l'euthanasie –, comme en Italie, où une décision de justice a reconnu le suicide assisté en 2019. Peut-être l'Église catholique va-t-elle enfin comprendre qu'elle a tout à gagner à accompagner ses fidèles plutôt qu'en leur refusant une liberté à laquelle ils ne renonceront de toute façon pas ? Pierre Juston l'écrivait dans *Le Droit de Vivre* : « Que restera-t-il donc aux grandes écoles religieuses et spirituelles dès lors que la question de la mort s'émancipera de la tabouïsation dans laquelle elle fut placée ? Que leur restera-t-il donc lorsque l'individu, titulaire de cette liberté, saura qu'il peut en faire ou non l'usage lorsque l'échéance inéluctable sera très proche et qu'il souffre ? Tout, mais dans les limites du cadre libéral dans lequel l'individu choisit – lorsqu'il le peut –, pour lui-même. Dans le cas d'espèce, ces écoles religieuses et spirituelles continueront d'offrir une conception tout à fait respectable à laquelle l'individu peut décider ou non de se soumettre mais qui ne lui sera pas imposée. Il s'agira pour ce dernier d'opérer un choix conscient, celui d'accepter ou non les souffrances physiques et psychologiques, parfois irrémédiables, selon ses propres convictions. »

Peu à peu, même des prêtres commencent à faire entendre des voix dissonantes et à refuser, publiquement, de souffrir jusqu'à la mort s'ils ne le veulent pas. Ainsi, Yves de Locht, ce médecin belge dont j'ai déjà parlé, raconte avoir un jour été appelé par un prêtre, le père Gaston, qui souhaitait entamer un parcours en vue d'une euthanasie. Le médecin s'étonne, évoque le dogme de l'Église, et le prêtre le rembarre gentiment mais fermement : « Il n'est pas question de ma foi, mais simplement de ma vie d'homme, de comment je souhaite la terminer. Vous souvenez-vous du pape Jean-Paul II, à la fin de son existence ? » Je revois tout à fait l'image du Saint-Père, courbé en deux, complètement cassé par la maladie de Parkinson, celle dont souffre le père Gaston. Je repense aussi à ce patient venu me consulter et dont le bras s'était bloqué à l'horizontale au moment où il avait voulu pousser la porte. J'avais dû appuyer dessus pour qu'il retrouve sa place. J'acquiesce. « Je ne veux tout simplement pas finir ma vie comme lui », conclut Gaston. Il mourra, paisiblement, grâce à l'ultime soin prodigué par le Dr de Locht, quelques mois plus tard. Des médecins catholiques commencent, eux aussi, à s'exprimer. Corinne Van Oost a été médecin en France avant de l'être en soins palliatifs en Belgique. Sa pratique du métier, elle la réfléchit en harmonie avec sa foi : les deux sont indissociables. Or, Corinne pratique des euthanasies. Voici ce qu'elle écrivait dans *La Croix* en 2022 : « Face à un refus de la sédation pour soulager les souffrances, j'accepte de continuer à cheminer avec ces patients qui voient avec crainte approcher la mort, tant il me semble essentiel d'être à l'écoute des souffrances qui la font désirer : comment abandonner, au nom d'un Dieu aimant, quelqu'un qui vit une telle détresse ? Les évêques belges l'ont bien compris puisqu'ils recommandent un accompagnement pastoral y compris dans ces situations de demande d'euthanasie. » La réalité a primé sur le dogme, et les dignitaires religieux ont jugé que l'essentiel était l'humain, la mort dans son aspect concret – et pas un principe intellectuel abstrait. Elle conclut son texte ainsi : « Après vingt ans de pratique, je sais que l'essentiel pour moi est dans le respect de l'autre : respect d'abord du malade avec ses limites et respect de chaque personne qui l'entoure y compris les soignants. Ainsi la mort peut être donnée dans un climat paisible. Ce n'est sans doute pas l'idéal des soins palliatifs mais c'est un chemin qui me paraît compatible avec ma foi. »

Corinne Van Oost a trouvé un chemin. D'autres médecins, d'autres soignants, ne le trouveront peut-être pas, et seront libres alors de faire jouer leur clause de conscience. Cette réflexion, chacun la mènera seul, en fonction de ses croyances et convictions. Mais la République, elle, doit rester fermement laïque et n'écouter que la demande du citoyen. Pas celle du croyant.

CONCLUSION

Cette fois, je ne peux aller plus loin. Mon propos s'achève ici. Je voudrais conclure ce livre choral, où de nombreux militants, patients, familles de patients, soignants, accompagnants, politiques ont pris la parole, avec l'annonce d'une plus grande mobilisation encore. Avec MGEN et des dizaines d'autres organisations, nous avons conclu un Pacte progressiste républicain et laïque sur la fin de vie à la fin de l'année 2022. Cela nous semblait nécessaire pour faire face à une opposition qui, de toute évidence, est en train de battre le rappel pour faire vivre à la France un acte II de la Manif pour tous. Mais nous ne nous laisserons pas faire. Nous aussi sommes de plus en plus unis, structurés, mobilisés. Nous parlons haut et fort, et nous parlerons plus fort encore s'il le faut car nous voulons nous faire entendre, et faire entendre notre volonté. Matthias Savignac, le président MGEN, le disait encore à Valence, fin 2023 : « L'Église amène dans le domaine de la fin de vie des notions de bien et de mal, là où les seules notions à prendre en compte, dans une loi, sont celles du juste et de l'injuste. Montesquieu disait : il ne faut toucher à la loi qu'en tremblant. Moi je tremble que nous n'y touchions pas ! »

Emmanuel Macron continue d'hésiter. Devant les responsables des cultes, le 8 janvier 2024, il a tenu un discours encore une fois ambigu, dissociant soins palliatifs et loi sur la fin de vie, laissant entendre qu'il ne s'agirait pas d'un continuum de soins. Quelques jours plus tard, le Président a rendu l'horizon encore un peu plus flou en assurant qu'il accélérait sur les soins palliatifs parce qu'ils feraient consensus, avant de s'attaquer à la loi sur la fin de vie – celle qui devait être présentée à l'été 2023 et est repoussée depuis. Pourtant, Monsieur le Président, la légalisation de l'euthanasie et du suicide assisté fait, elle aussi, consensus. Écoutez les citoyens, respectez le mandat qu'ils vous ont confié ! Respectez les conclusions de la convention citoyenne sur la fin de vie ! Respectez les parlementaires qui veulent voter cette grande loi cette année ! Respectez celles et ceux qui, face à la maladie et aux souffrances insupportables, n'ont plus le temps d'attendre !

En écrivant ces dernières lignes, j'ignore encore si Emmanuel Macron respectera sa promesse. D'autres avant lui ne l'ont pas fait. Mais cette promesse de nous battre, ensemble, de toutes nos forces pour faire voter, le plus rapidement possible, une grande loi de liberté, d'égalité, de fraternité et de laïcité, nous la tiendrons. Et jamais nous ne trahirons celles et ceux qui le demandent.

REMERCIEMENTS

L'Association pour le Droit de Mourir dans la Dignité remercie l'ensemble des personnes qui ont participé, par leurs témoignages, à cet ouvrage.

Nous remercions les plus de 76 000 adhérents actifs de l'ADMD, et au-delà, toutes les militantes et militants qui œuvrent et ont œuvré pour porter la revendication d'une loi de liberté en fin de vie.

Nous pensons à toutes celles et à tous ceux qui, faute d'une loi qui respecte les volontés et les consciences, sont morts dans des conditions qu'ils n'avaient pas souhaitées et qu'ils ne méritaient pas…

Achevé d'imprimer par
Normandie Roto Impression s.a.s. à Lonrai
N° d'impression : 2401091

Imprimé en France